董事、监事、高级管理人员履职手册

Performance Manual for
Directors, Supervisors, and Senior Executives

郑绪华　著

法律出版社
LAW PRESS·CHINA
北京

图书在版编目（CIP）数据

董事、监事、高级管理人员履职手册 / 郑绪华著.
北京：法律出版社，2025. -- ISBN 978 -7 -5197 -8796 -7

Ⅰ. D922.291.914

中国国家版本馆 CIP 数据核字第 2025BW1246 号

董事、监事、高级管理人员履职手册
DONGSHI、JIANSHI、GAOJI GUANLI RENYUAN LÜZHI SHOUCE

郑绪华 著

策划编辑 周 洁 林 蕊
责任编辑 周 洁
装帧设计 李 瞻

出版发行 法律出版社
编辑统筹 司法实务出版分社
责任校对 王 丰 李景美
责任印制 吕亚莉
经 销 新华书店

开本 710 毫米×1000 毫米 1/16
印张 17.25 **字数** 238 千
版本 2025 年 2 月第 1 版
印次 2025 年 2 月第 1 次印刷
印刷 三河市兴达印务有限公司

地址：北京市丰台区莲花池西里 7 号（100073）
网址：www.lawpress.com.cn
投稿邮箱：info@lawpress.com.cn
举报盗版邮箱：jbwq@lawpress.com.cn

销售电话：010 - 83938349
客服电话：010 - 83938350
咨询电话：010 - 63939796

书号：ISBN 978 -7 -5197 -8796 -7 **定价**：68.00 元

凡购买本社图书，如有印装错误，我社负责退换。电话：010 - 83938349

自 序

新《公司法》对于董事、监事、高级管理人员（以下简称董监高）特别是董事的履职责任有了很大的强化，未来无论是国有企业、上市公司还是普通民营企业，其董事、高管的履职风险都将呈现几何级的增加，董事、高管的履职安全问题凸显。

"让全中国的公司董监高无忧高效地经营管理公司"，是笔者在新《公司法》颁布后萌发的一个"发心"。

为了帮助市场主体尽快适应监管要求，帮助董监高合法合规、勤勉尽责地履行职务，减少被指控违反忠实勤勉义务对应风险的发生，笔者在详细梳理新《公司法》以及相关法律法规及司法判例和深入分析探究抽象法律条文的落地实施的基础上，结合二十余年在服务公司主体的过程中所凝结的风控经验，从安全优先兼顾效率的角度，特为广大董监高提出相应具有可行性的风险防控建议，以资法律专业人士和公司董监高管理层参照适用，以期为董监高辅佐履职，令董监高安心高效地经营管理。为此，笔者特写作了这本《董事、监事、高级管理人员履职手册》。

由于笔者学养底蕴的局限，加之公司法理论以及董监高履职责任的相关司法实践仍在不断的发展变化之中，虽然笔者已尽可能在融合民法典和公司法等法律的基本原则和基本法理的基础上对《公司法》中关于董监高履职条文过于抽象和笼统之处予以阐述和指引，旨在增强对董监高履职行为进行指引的精准度和可操作性，但本书的部分指引仍难免不够细致和精准，笔者将在对公司法的融汇理解进一步深化和对新的司法案例消化掌握后据实进行更新和调整。

前 言

2023年12月29日颁布的《中华人民共和国公司法》[本书凡未特别注明原《公司法》(2018年修正版)之处,均指2023年修订版《公司法》,以下简称《公司法》]对此前的篇章结构和法律条文进行了较大的修改,引起了全社会广泛而持久的关注。但就笔者看来,本次《公司法》修订,归纳而言,主要表现在两个方面:其一为出资制度的修改,其二为公司治理方面特别是董监高责任的修改。其余虽有修改或些微调整,均为细节修补,不足以与前述两个方面的大幅修改相提并论。

根据笔者对《公司法》法律条文的梳理、分析、归类和提炼,结合公司运营管理的实践,本书将《公司法》中董监高的履职项目分类如下:

(一)督促股东出资及股东会相关

1. 董事审查和催促股东实缴出资;
2. 董事会/监事会召集及董事长主持股东会;
3. 董事、高管受命提供履职报告或文件资料;
4. 董事、高管受命纠正损害公司利益的行为;
5. 董监高受命列席股东会并接受股东质询;
6. 董事受命对股东临时提案的审查及议案通知;
7. 董事签署所出席股份公司股东会的会议记录;

(二)董事会会议及表决相关

8. 董事长/董事召集主持董事会;
9. 董事合法合规进行董事会表决;

10. 董事接受监事质询；

11. 经理列席董事会会议；

12. 董事签署所出席董事会的会议记录；

13. 董监高申报、表决和公允实施关联交易的特别义务；

（三）经营管理相关

14. 担任法定代表人的董事、高管向股东披露董监高的公司报酬；

15. 担任法定代表人的董事、高管办理公司的商事变更登记；

16. 董事监事留任；

17. 董事、高管被限制操控公司资助他人取得本公司及其母公司股份；

18. 国有独资公司的董事、高管被限制在其他经济组织兼职；

19. 董监高被限制谋取公司的商业机会；

20. 董监高被限制同业竞争；

21. 董监高被禁止不公允关联交易；

22. 董监高被禁止协助或放任股东抽逃出资；

23. 董事、高管持股申报及转股限制；

24. 董事、高管被禁止操控公司违法违规分配利润；

25. 董事、高管被禁止操控公司违法违规减资；

26. 董事、高管合法合规履职；

（四）清算注销相关

27. 董事及时组建清算组；

28. 董事、高管清算及注销公司；

（五）核心义务

29. 董监高对公司的忠实义务和勤勉义务。

上述项目基本概括了董监高在公司设立至公司清算注销这一完整的公司生命周期内可能承担的法律义务和法律职责。

从聚焦董监高的履职风险的角度出发，不能不特别关注忠实义务和勤勉义务的评判标准。

关于董监高的履职行为是否违反忠实义务或勤勉义务的法律判断标准，本书认为必须认识到任何判断都是基于一定的价值取向而作出的，并非单纯地根据法律条文的文义直接简单推导得出的结果。对于董监高是否勤勉尽责的判断标准以及对于勤勉尽责程度的衡量也是如此。在社会发展的某一具体历史时期，社会公众以及法律对董监高勤勉尽责的要求或对董监高勤勉尽责的认定尺度都会与当时的社会环境和公众期望等因素密不可分，从而呈现出不同时期的不同侧重或要求。

在评判董监高履职行为是否勤勉尽责时，裁判者可能更倾向于根据具体的社会环境，平衡考虑对董监高勤勉的合理要求与对董监高轻微懈怠或冒险行为的理性宽容，以及公司治理效率，确定特定历史时期应当优先保护的价值，在此基础上综合评判董监高具体的履职行为是否构成勤勉尽责。

因此，本书基于法理推理和实务经验而得出的关于董监高履职勤勉尽责的认定标准，可能比未来某一时期司法实践中具体把握的认定标准相对严苛（但也可能相当）。但从行为指引的角度考虑，除非未来司法解释或司法判例明确给出更加宽松的认定标准，否则按更严格的勤勉认定标准履职必将更加安全。

本书也将以此为基础，逐项分析董监高在每一履职事项中的法律风险，并针对性地给出风险防控建议。

目　录
Contents

第一章　董事履职事项及指引

为了简洁概要地展现《公司法》规定的普通公司执行事务董事的各项履职行为，本书按履职内容与公司经营管理权之间的关联度将其进行分类，并呈现为表1，特殊类型公司各类董事的各项履职行为详见本章相应部分。

表1　董事履职事项

序号	履职事项	法律来源	备注
督促股东出资及与股东会相关			
1	董事会审查和催促股东实缴出资	《公司法》第51条、第107条	适用于所有类型公司
2	董事会召集及董事长主持股东会	《公司法》第63条第1款、第114条第3款	
3	董事受命提供履职报告或文件资料	《公司法》第80条、第131条	
4	董事受命纠正损害公司利益的行为	《公司法》第78条第1款第3项、第131条	
5	董事受命列席股东会并接受股东质询	《公司法》第187条	
6	董事受命对股东临时提案审查及议案通知	《公司法》第115条第2款	
7	董事签署股份公司股东会会议记录	《公司法》第119条	仅限股份有限公司董事

续表

序号	履职事项	法律来源	备注
与董事会会议及表决相关			
8	董事长/董事召集并主持董事会	《公司法》第72条、第122条第2款、第123条第2款	适用于所有类型公司
9	董事合法合规进行董事会表决	《公司法》第125条第2款	
10	董事接受监事质询	《公司法》第79条第1款、第131条	
11	董事签署董事会的会议记录	《公司法》第73条第4款、第124条第3款	
12	董事申报、表决和实施关联交易的特别义务	《公司法》第139条、第182条、第185条	
与经营管理相关			
13	担任法定代表人的董事向股东披露董监高从公司获得报酬的情况	《公司法》第129条	适用于所有类型公司
14	担任法定代表人的董事办理公司的商事变更登记	《公司法》第106条	
15	董事留任	《公司法》第70条第2款、第120条第2款	
16	董事被限制操控公司资助他人取得本公司及其母公司股份	《公司法》第163条	
17	董事被限制谋取公司的商业机会	《公司法》第183条、第185条	
18	董事被限制同业竞争	《公司法》第185条、《刑法》第165条第2款	
19	董事被禁止不公允关联交易	《公司法》第22条，《刑法》第166条第2款、第169条第2款	
20	董事被禁止协助或放任股东抽逃出资	《公司法》第53条第2款、第107条	

续表

序号	履职事项	法律来源	备注
与经营管理相关			
21	董事持股申报及转股限制	《公司法》第160条第2款	限股份有限公司董事、高管
22	董事被禁止操控公司违法违规分配利润	《公司法》第211条	适用于所有类型公司
23	董事被禁止操控公司违法违规减资	《公司法》第226条	
24	董事合法合规履职	《公司法》第188条、第191条	
与清算注销相关			
25	董事及时组建清算组	《公司法》第232条、第256条	适用于所有类型公司
26	董事清算及注销公司	《公司法》第238条、第256条	
核心义务			
27	董事对公司的忠实义务和勤勉义务	《公司法》第180条、第181条	适用于所有类型公司

第一节　普通公司董事履职事项及指引

一、董事审查和催缴股东实缴出资

【适用场景】

公司成立且章程规定的股东实缴出资期限届满后，不能确定股东是否足额实缴出资的。

【履职行为描述】

董事应根据董事会的授权或指派，对股东（含创始股东即发起人股东和加入股东即认购增资股东和受让股权股东）的实缴出资情况进行审查，并在审查发现相应股东没有按时足额实缴出资时，提请董事会以公司名义督促相关股东按时足额实缴出资。

【法律责任/法律后果】

如果董事会在股东出资期限届满后没有及时对股东出资情况实施审查和催缴，致使公司因没有获得实缴出资而遭受损失的，各董事按如下不同情形承担赔偿责任：

1. 董事会在股东出资期限届满后合理时间内没有实施审查或催缴出资，且董事没有提醒董事会及时进行审查催缴时。

当董事会负有审查和催缴股东出资的法定义务时，如果董事会在合理期限内（参考《公司法》第 52 条规定的不少于 60 日宽限期的规定，可将合理的审查时间设定为不晚于出资期限届满后 60 日内）没有决议授权/指派任何一位董事实施审查且没有任何一位董事在合理期限内提请董事会实施审查和催缴股东出资，致使股东没有足额实缴出资而给公司造成损失的，各董事对股东的欠缴出资额应当向公司承担赔偿责任。

2. 没有董事会召集主持权的董事经提请董事会实施审查催缴但董事会没有审查催缴，且该提请董事没有继续独自执行审查并以公司名义催缴时。

没有董事会召集主持权的董事（不是董事长，不是副董事长，也不是过半数的董事共同推举的董事）经书面提请董事会（董事长或其他全体董事）审查及催缴相关股东的欠缴出资，或书面提请法定的董事会召集和主持人（依次分别为董事长、副董事长和过半数的董事共同推举的董事）召集和主持董事会以讨论决议审查和催缴股东出资问题的，如果：

（1）法定的董事会召集主持人怠于或拒绝召集主持董事会；

（2）董事会经开会后没有作出审查和催缴的董事会决议；

上述任一情形下，如果作出该提请行为的董事后续没有独自执行审查并以公司名义催缴的，致使股东没有足额实缴出资而给公司造成损失的，各董事仍应当承担赔偿责任。

但作出该提请行为的董事因其相较其他董事具有较小的过错而只应承担较小的赔偿责任。

3. 被董事会决议确定或指派进行审查和催缴的董事怠于或拒绝进行审查或催缴，且其他董事未在合理期间内提请董事会另行指派其他董事进行审查催缴的。

此种情形下，首先由被董事会决议确定或指派进行审查和催缴的董事对因此给公司造成的损失承担赔偿责任。但其他董事明知或应知董事会未完成审查和催缴义务仍未进一步努力改善的，可能不能被认定为勤勉尽责，对于由此给公司造成的损失，可能也需承担赔偿责任，但实践中应考虑到其过错较小而承担较小的赔偿责任。

4. 作出提请行为的董事经自行审查并独自以公司名义催缴后股东仍没有足额实缴出资时。

上述第 2 点中作出提请行为的董事经自行审查并独自以公司名义催缴后股东还是没有足额实缴出资从而给公司造成损失的，该等已经自行审查并书面催缴的董事此时因无法定授权进一步以公司名义通过诉讼向欠缴出资的股东进行追缴，他/她已经尽到勤勉义务，因此他/她对于公司的相应损失不再承担赔偿责任。

但未提请董事会审查或未以公司名义进行催缴的公司其他董事仍应承担损失赔偿责任。

【履职指南】

1. 董事应查阅和熟悉公司章程中各股东（含认购增资股东）的出资期限、认缴出资额和出资方式等规定，通过查阅财务审计报表了解股东的已实缴出资额，以便在相应股东出资期限届满后提醒董事会启动审查和催缴。

2. 董事长、副董事长和过半数董事推选的董事应及时召集主持董事会，决议或授权某位董事执行核查和催缴出资义务。

3. 如果董事会于任一股东出资期限届满后 2 个月内没有开会决议实施审查，任何一位董事应及时向董事会书面提出审查和催缴建议。

股东出资期限届满后 2 个月内，如果董事会没有通知开会并作出实施审查决议，任何一位董事应及时向董事长或董事会授权董事或董事会常设机构或人员书面提请审查股东出资情况和向股东催缴出资。

4. 董事会经提请仍未开会讨论审查和催缴事宜时，任何一位董事应联合其他董事提议召开临时董事会或经联合后自行召集主持董事会商讨审查和催缴事宜。

在董事长/副董事长拒绝或怠于召集董事会以讨论决定审查和催缴事宜时，任何一位董事可以联合其他 1/3 以上董事提议召开临时董事会，或经过半数的董事共同推举为董事会召集主持人并召集主持董事会，以讨论决定并执行审查和催缴事宜。

5. 董事会召开但未能形成临时董事会决议实施审查和催缴事宜时，任何一位董事应提议重新作出审查催缴决议或自行审查。

董事会召开后拒绝或怠于作出有关审查股东实缴出资的相关决议，由于审查和催缴是董事会的法定义务而不得拒绝，因此任何一位董事有义务提议董事会重新作出审查和催缴的决议，或在董事会不予理睬或明确拒绝时自行予以审查，包括审查股东出资专项审计报告或年度审计报告、资产评估报告等，以掌握各股东认缴出资是否实缴、或非货币出资是否交付/过户以及非货币出资财产的价值是否足额。

6. 被董事会决议确定或指派的董事拒绝或怠于进行审查和催缴的，其他董事应在合理期间（前次作出审查决议后 30 日）内提请董事会另行指派其他董事进行审查催缴。

虽然在董事会决议已经确定或指派董事进行审查和催缴的情况下应由被指派董事实施审查和催缴，其他董事并无义务参与审查相关事务；但若被指派董事拒绝或怠于实施审查和催缴，且其他董事在合理期间内已知或应知审查进展或结果，如果其他董事不进一步提请董事会另行指派其他董事重新审查，可能被司法机关采取较为严格的标准认定其他董事未勤勉尽责而被判决要求承担责任，为保险起见，建议其他董事在合理期间（前次作出审查决议后30日）内提请董事会另行指派其他董事进行审查催缴。

7. 实施审查董事应通知董事会以公司名义书面催促股东限期实缴出资。

对于经审查后知悉或掌握的股东逾期未实缴或未足额实缴出资的情况，实施审查的董事应书面通知董事会各董事（或董事会常设机构或人员）请董事会以公司名义书面催促股东限期（不少于60日）足额实缴出资，并保留工作记录备查。

8. 董事会未对欠缴出资股东书面催缴时，自行审查董事应自行书面催缴出资。

如果董事会决议确定或授权执行审查事务的董事拒绝或怠于催缴股东实缴出资，为避免司法机关在可能采取严格标准审查董事的勤勉尽责时要求董事在此种情形下承担责任，包括实施审查的董事在内的所有董事应自行以书面方式以公司名义向欠缴出资股东催缴出资。

9. 股东经催告后实缴出资的，如果董事会没有及时进行复核的，任何一位董事应再次提请复核甚至催缴。

在欠缴股东于限期内实缴出资后，任何一位董事应提请董事会各董事（或董事会常设机构或人员）复核相关股东出资真实和足额等情况，并保留工作记录备查。对于经催缴后股东以非货币方式实缴出资的，任何一位董事仍应循上述程序提请董事会进行复核。对于复核后认为足额实缴到位的股东，应提请董事会授权代表及时向市场监督管理局申请办理实缴出资登记。对于复核后认为尚未足额实缴到位的股东，应循上述程序提请董事会进行催缴或自行以公司名义催缴。

10. 任何一位董事有权提请董事会对经催缴后仍未实缴出资的股东除权。

欠缴股东在宽限期满仍未实缴出资的，任何一位董事有权提请董事会各董事（或董事会常设机构或人员）通过董事会决议并以公司名义向相应股东发函除去其未实缴部分对应股权或对应股东资格。

【重要问题与分析】

问题：

董事会审查和催缴股东出资的法定义务是否当然是董事的法定义务？董事会的审查和催缴义务如何落地履行？

分析：

董事会审查和催缴股东实缴出资的法定义务并不当然是每一位董事的法定义务，但本质上最终仍是每一位董事的法定义务。

《公司法》规定，负有审查和催缴股东出资义务的主体是董事会（注意并非董事），但因董事会在法律上并不具备独立人格，不能独立履行民事义务和承担民事责任。董事会作为非法人机构，其法律地位甚至弱于合伙企业，仅与个人合伙相类似。正如个人合伙的权利义务和责任最终由其合伙人承受一样，董事会的权利义务和责任最终由董事承担。

虽然如此，董事会的权利义务和责任并非简单地由任一董事随意行使或任意承担，其必须由董事会按照法律和公司章程规定的程序去召开会议和形成决议，并授权董事去行使和承担。回到《公司法》第 51 条，并非由任一董事随意审查和催缴股东出资。

由于《公司法》和公司章程规定了董事会的召集程序和议事规则，也就规定了董事会的意思形成方式，而董事会的意思依法系首先由董事长/副董事长/过半数的董事推举的董事召集主持董事会，然后由过半数董事的共同意思（不必是全体董事的共同意思）形成董事会决议，因此董事会履行义务的行为只能由具体的自然人董事通过执行董事会意思（董事会决议）的方式去实现，而不能由全体董事各自无共同意思地去实施，也不能由全体董事共同但不按法律或章程规定的规则去实施。

为此，对于法律规定的董事会的权利、义务和责任，应首先分解由董事长/副董事长/过半数的董事推举的董事召集主持董事会，在此基础上形成多数意见即董事会决议，也就是董事会的意思表示；其次由法定/章程规定/董事会决议确定的能代表董事会的自然人董事按法律或章程规定的规则去执行/行使，而不能由任何一位董事当然地以董事会名义去行使权利和承担义务。

在经董事提议后董事会仍未能召开，或召开董事会后未形成审查和催缴决议，或形成决议后未授权自然人董事去实施审查，或被授权的自然人董事拒绝或怠于履行审查职责，进而导致董事会的职责未得到履行时，虽然第一责任人为董事会召集主持人董事长/副董事长/过半数的董事推举的董事或被授权董事，但由于董事会未履行职责的后果已然形成且董事会本身不具有独自承担责任的能力，故各董事都应当对相应法律后果直接担责。

此种情况下，任何一位董事为了维护自己的合法权益不因董事会或其他董事的不作为而受到损害或遭遇赔偿，有权独自代表董事会并以公司的名义去履行董事会职责。

虽然此处以个体代表董事会去实施审查是每一位董事为了减损而享有的权利而非义务，但是如果相关董事能如此做而不如此做，又从根本上难以符合勤勉尽责的董事义务。因此，任何一位董事在董事会因任何原因未实施审查的情况下，从根本上负有自己代表董事会予以审查的义务。

归纳而言，董事会的审查和催缴义务首先应由董事会按其运作规则指派相应自然人董事去执行；若被指派自然人董事完成了相应义务，则其他自然人董事自然无须再去履行相应义务；但当董事会未形成相应决议，或虽形成决议但忘记或怠于或拒绝指派自然人董事去执行董事会职责，或被指派的自然人董事忘记、怠于或拒绝执行董事会职责时，为了避免董事会不履职的不利后果，每一位自然人董事都应尽到提醒董事会或被指派的自然人董事去履职的责任；甚至在董事会或被指派的自然人董事拒绝履职时，其他任一自然人董事应要求董事会另行指派其他自然人董事去履职，或以董事会不正常履职将祸及全体董事为由自行以董事会名义履职——对股东实施审查并催缴出资。如此行为的目的在于，当日后发生诉讼追责时，相应董事可以据此证明自己已经尽到了勤勉尽责义务从而主张免责。

二、董事会召集及董事长/董事主持股东会

【适用场景】

公司发生需要召开定期股东会或临时股东会的相应事项后，相应股东会召开前和召开时。

【履职行为描述】

董事会应召集并由董事长主持股东会（包括定期会议和临时会议）；董事长不能或者不主持的，由副董事长主持股东会；副董事长不能或者不主持的，由过半数的董事共同推举一名董事主持股东会。

【法律责任/法律后果】

董事会没有按时按程序召集股东会，或董事长/副董事长/过半数董事共同推举的董事未按时按程序主持股东会，可能导致：

（一）对公司的法律后果

1. 相关股东会决议没能及时作出；

2. 股东会决议虽作出但因召集/主持程序瑕疵而被撤销或被认定不成立；

3. 给公司或相关当事方造成损失。

（二）相关董事的法律责任

1. 相关董事可能被认定为违反勤勉义务。

（1）董事会没有按时按程序召集股东会时，负有董事会召集主持义务的董事长/副董事长/过半数董事共同推选之董事，或董事会决议指派负责股东会召集通知事务的董事可能被认定为违反勤勉义务。

董事会没有按时按程序召集股东会，其原因可能在于董事会没有形成召集股东会的相关决议，或形成相关决议后没有落实执行。而董事会没有形成相关决议，其责任在于董事会的法定召集主持人未召集主持董事会，或虽召

集主持董事会但过半数董事不同意召开股东会；而董事会形成决议后没有落实执行，其责任在被董事会决议指定的董事没有依法通知全体股东相关的会议事项。

（2）相关董事未按时主持股东会时，负有股东会主持义务的董事长/副董事长/过半数董事共同推举之董事也可能被认定为违反勤勉义务。

董事会成功召集股东会后，依法需要按法定顺序由董事长/副董事长/过半数董事共同推举之董事来主持股东会。如果相关董事没能主持股东会，也将导致股东会无法按时召开。这种情形下，负有股东会主持义务的董事长/副董事长/过半数董事共同推举之董事也将被认定违反勤勉义务。

2. 相关董事应赔偿公司或相关当事方因相应股东会未能及时召开所致的损失。

3. 相关董事可能被监事会向股东会建议解任，或被股东会罢免或更换。

【履职指南】

1. 董事应于股东会（定期或临时）召开日期前充分合理时间内提请召开董事会以讨论通过召集股东会的相关议案。

在定期股东会召开前 1 个月内，或发生临时股东会应当召开的法定情形后 7 日内，如果董事会仍未通知召开董事会以讨论相应定期股东会或临时股东会的召集事宜，任何一位董事应于前述日期届满后 7 日内及时向董事会常设机构或人员（如董事长/董事会授权代表）书面提请董事长召集主持董事会以讨论通过有关召集股东会定期会议/临时会议的议案。

2. 董事应联合过半数董事对是否召开股东会事项进行表决。

当董事提请董事长召集主持董事会以讨论通过召集股东会会议的议案遭董事长拒绝或不予响应时，任何一位董事应于相应提议被明确拒绝或等同于被拒绝（如限期内未答复）后 7 日内向副董事长提议召集主持相应董事会，或书面联合其他过半数的董事共同推举一名董事以召集并主持董事会讨论决议股东会召开的相关事项。

3. 董事应提请董事会通知各股东有关股东会召开相关事项。

在董事会已经通过有关召开股东会定期会议/临时会议的决议后，如果董事会决议指派的负责股东会召集事务的董事未能代表公司在股东会应当召开日的15日（最迟提前通知日）前通知全体股东有关股东会具体的召开时间、地点以及拟表决事项，任何一位董事应于最迟提前通知日前1日内向董事会常设机构或人员书面提请董事会催促被指派董事准时发出股东会召开通知，以备股东提前知晓和讨论。

【重要问题与分析】

问题：

董事会召集股东会的义务如何转化为董事的义务？

分析：

《公司法》虽然规定了董事会（注意并非董事）负有召集股东会的职责，但正如本书第一章第一节“一、董事审查和催缴股东实缴出资”所述，董事会作为公司内设机构本身不可能亲自实际行使召集股东会的职责，其召集股东会的职责依法只能通过自然人董事（如董事长、副董事长及过半数的董事推举的董事）按法律和公司章程规定的规则和顺序去行使，如通过董事会形成决议授权董事代表董事会执行召集股东会的权利，包括向全体股东发出会议通知，告知会议议题和会议的时间地点等方式去履行。即召集义务中自然包含通知之义。

为了保障董事会召集股东会的义务得到及时和实际的履行，当公司发生《公司法》第62条或公司章程规定需要召开股东会的情形时，如果公司董事会没有对是否召开以及如何召开股东会进行开会表决，任何一位董事都应提示董事会召集人（如董事长、副董事长或过半数的董事推举的董事等）及时召集主持董事会以开会讨论是否应当召集股东会以及如何召集股东会（含提前发送股东会会议通知）的事项；如果董事会经董事提示开会后仍未及时召开董事会以讨论股东会召开事宜，任何一位董事可以联合公司过半数其他董事就是否以及如何召开股东会事宜进行董事会决议；如果董事会开会表决后同意召开股东会，则由董事长主持该股东会；如果董事长拒绝或不愿意主持，可由副董事长或由过半数董事共同推举的董事来具体主持该股东会。

如此努力争取董事会同意召开股东会以及在董事长等不愿意主持股东会时联合其他过半数董事共同推举董事以主持股东会等行为，对于相应董事来说，已尽到了提示召集股东会和推举合格董事主持股东会的义务了，从而构成勤勉尽责，可以有效地避免因其他董事（含董事长、副董事长和其他董事）怠惰导致股东会不能及时召开的情形下被利害关系人追究违反勤勉尽责义务的法律责任。

三、董事受命提供履职报告或文件资料

【适用场景】

当监事会/一人监事/行使监事会职能的审计委员会要求董事提供履职报告或文件资料时。

【履职行为描述】

董事应根据监事会或一人监事的要求，或根据行使监事会职能的审计委员会[①]的要求，提供记载董事在任职期间的工作内容或事项的书面履职报告，或根据监事会或一人监事或审计委员会的要求提供相应文件资料。

【法律责任/法律后果】

董事拒绝或怠于向监事会/一人监事/审计委员会（为行文方便以下统称

---

① 为行文便捷，凡本书所述监事事项，除有特别说明外，均适用于行使监事职能的审计委员会委员。

监事会）提供履职报告或要求的文件资料，妨碍监事履行职务，可能承担如下法律责任：

1. 被监事会向股东会建议解任；

2. 被认定为未尽勤勉义务而被监事或股东代表在相关诉讼中要求相关董事对公司损失承担赔偿责任。

【履职指南】

1. 董事应按监事会的工作要求提供相应董事履职报告；

2. 董事应按监事会的工作要求提供相应经营管理文件、财务报告和账册凭证等文件或电子档文件以供监事查阅复制；

3. 董事应如实回答监事会就公司经营管理事项提出的质询或调查；

4. 董事应按章程规定及时审批报销监事因履行监事职务而产生的正常费用。

【重要问题与分析】

问题一：

股份有限公司的董事应否向审计委员会提交被要求的文件资料？

分析：

《公司法》第 80 条规定了董事按监事会要求向监事会提供相应报告或文件资料的义务，但并未明确规定董事是否应向审计委员会提供相应报告或文件资料。

《公司法》第 131 条规定，关于股份有限公司监事会职权的规定适用第 78 ~ 80 条规定，即股份有限公司的董事也应向其监事会提供相应报告或文件资料。

同时，《公司法》第 121 条规定股份有限公司的审计委员会可以行使监事会职权。

由此，股份有限公司的审计委员会可以行使股份有限公司监事会的职权，而股份有限公司监事会的职权适用有限责任公司监事会的相关职权，故股份有限公司的审计委员会可以行使监事职权，要求董事向监事会提供相应报告或文件资料。

问题二：

董事未按监事会要求提供履职报告或文件资料是否违反忠实义务或勤勉义务？

分析：

董事未按照监事会要求提供履职报告或文件资料不违反其忠实义务，但违反其勤勉义务。

《公司法》虽然没有明确规定董事不按要求提供履职报告或文件资料的具体法律责任，但因董事提供相应报告或文件资料构成董事的法定义务，那么董事没有依法提供相应文件的行为将构成董事对其法定义务的违反。

董事没有按监事会要求提供履职报告或文件资料的行为本身并不指向董事对公司利益的争夺或损害，也不侵害公司正常的交易秩序或交易选择权，所以类似行为不构成对忠实义务的违反。

但该等行为表明董事没有或无意积极履行职务，此时应视其情节轻重和相应损害后果的不同而分别被认定为轻度违反勤勉义务或根本违反勤勉义务。即便这一行为仅被认定为轻度违反勤勉义务而不一定需要承担赔偿责任，但可构成认定相关董事的其他行为严重或根本违反勤勉义务的补充或补强证据，从而可能在其他针对相关董事违反忠实义务或勤勉义务的诉讼案件中对其不利。

四、董事受命纠正其损害公司利益的行为

【适用场景】

董事的行为被监事会认为损害公司利益，且监事会提出纠正要求时。

【履职行为描述】

董事应根据监事会的要求，对董事被指控损害公司利益的行为予以纠正。

【法律责任/法律后果】

董事拒绝按照监事会的要求纠正或停止其被指控损害公司利益的行为的，应按董事被指控损害公司利益的具体行为确定其法律责任，可能承担以下法律责任：

1. 相关董事被监事会向股东会建议解任。

2. 相关董事被认定为没有尽到勤勉义务甚至损害公司利益而被监事或股东代表提起相关诉讼，并被要求对公司损失承担赔偿责任，或将非法收入返还给公司。

3. 相关董事可能需要承担相关的行政责任或刑事责任，具体行政责任或刑事责任需视董事被指控损害公司利益的具体行为根据相应法律和《刑法》的具体规定来确定。

【履职指南】

1. 董事应按监事会的要求立即纠正其被指控的损害公司利益的行为。

2. 董事如认为监事会要求董事纠正的行为并不损害公司利益或并不存在不公允情形，除立即停止相关行为将给公司造成重大损失的以外，应暂停被指控行为，并向监事会书面说明相应行为不损害公司利益的理由。

3. 如果监事会不认可董事的抗辩理由仍坚持要求董事纠正的，相关董事可提请由董事会聘请专业律师就相应行为是否损害公司利益出具法律意见，并根据相应法律意见自主决定是否继续进行该项行为；或根据公司章程的规定提请董事会提交股东会决议并根据股东会决议的结果执行。

【重要问题与分析】

问题：

董事未按监事会要求纠正其损害公司利益的行为是否构成违反忠实义务或勤勉义务？

分析：

董事未按监事会要求纠正其明显损害公司利益的行为违反其忠实义务，但如果董事自认其行为不损害公司利益从而与监事会的认定存在冲突时，董事相应的拒绝行为并不当然违反其勤勉义务。

《公司法》虽然未明确规定董事不按监事会要求纠正其损害公司利益行为的法律责任，但如果董事的相关行为违反法律法规或公司章程的规定，或董事被指控损害公司利益的行为是公司与董事或董事的关联方之间发生的不公允关联交易行为，甚至是董事直接损害公司利益的侵权行为，那么董事不予纠正的行为将构成对公司利益的继续侵害，从而违反其忠实义务。

但当董事自认其行为并不损害公司利益从而与监事会的相应认定和要求存在冲突时，由于监事会对董事某一行为是否损害公司利益的认定并不具有最终效力，相关董事对被指控的存疑事项拒绝纠正的行为并不足以表明其不履行职责，从而不能认定相关董事具有主观恶意或过错，不能当然地认定其违反勤勉义务。

五、董事受命列席股东会并接受股东质询

【适用场景】

董事应股东会要求列席股东会，如果有股东就经营管理事项向董事提出质询。

【履职行为描述】

董事应股东会要求列席股东会时，应接受股东针对公司经营管理事项的质询。

【法律责任/法律后果】

董事在股东会上拒绝接受股东质询的，可能需要承担如下法律责任：

1. 被股东代表在后续股东会上提出罢免议案；

2. 被认定为没有尽到勤勉义务而被监事或股东代表在相关诉讼中要求对公司损失承担赔偿责任。

【履职指南】

1. 董事应按股东会要求（实为股东会召集人或通知人即董事会的要求）列席股东会；

2. 董事应如实回答股东提出的质询；

3. 对于经理未能回答的股东质询，董事应尽可能回复股东。

【重要问题与分析】

问题：

董事不列席股东会或拒绝接受股东质询是否构成违反忠实义务或勤勉义务？

分析：

董事不列席股东会或拒绝接受股东质询不违反其忠实义务，但违反其勤勉义务。

《公司法》虽然没有明确规定董事不按要求列席股东会或不接受股东质询的具体法律责任，但因为董事列席股东会以及接受股东质询构成董事的法定义务，那么他/她不依法列席股东会或拒绝接受股东质询将构成董事对其法定义务的违反。

董事不列席股东会或拒绝接受股东质询的行为本身并不指向董事对公司利益的争夺或损害，也不侵害公司正常的交易秩序或交易选择权，所以类似行为不构成对忠实义务的违反。

但该等行为表明董事没有或无意积极履行职务，此时应视其情节轻重和相应损害后果的不同而分别被认定为轻度违反勤勉义务或根本违反勤勉义务。即便这一行为仅被认定为轻度违反勤勉义务而不一定需要承担赔偿责任，但可构成认定相关董事的其他行为严重或根本违反勤勉义务的补充或补强证据，从而可能在其他针对相关董事违反忠实义务或勤勉义务的诉讼案件中对其不利。

六、董事受命对股东临时提案的审查及议案通知

【适用场景】

1. 单独或者合计持有公司 1% 以上股份的股东在公司发出股东会开会通知后，在股东会召开 10 日前将其临时提案提交股份有限公司股东会审议时。

2. 有限责任公司任一股东在公司发出股东会开会通知后、股东会召开前的合理期间（8～10 日）内将其临时提案提交有限责任公司股东会审议时。

【履职行为描述】

董事应根据董事会的授权或决议，根据法律和公司章程的规定，对于股东拟提交给股东会进行审议的临时提案进行审查，经审查合格后将其列入股东会正式议案并通知全体股东。

【法律责任/法律后果】

股份有限公司董事拒绝或没有及时按董事会的授权或决议，对提交临时提案的股东资格进行审查；拒绝或没有及时按董事会的授权或决议，对股东

临时提案的合格性进行审查，或审查后无正当理由没有及时将相应提案作为股东会正式议案并通知其他股东的，可能导致：

1. 对公司的法律后果

如果临时提案与股东会其他议案内容相冲突，那么股东会与临时提案相冲突的其他事项的决议有可能会被撤销。

2. 相关董事的法律责任

各董事可能被拟提案股东以没有尽到勤勉义务或滥用董事权利损害股东合法权益为由提起诉讼要求赔偿。

【履职指南】

1. 股份有限公司和有限责任公司的董事会应分别依各自权限对提交临时提案的股东的资格进行确认或审查

（1）股份有限公司董事应在收到股东提交的股东会临时提案后，提请董事会审查该股东是否具备提交议案的资格条件。

（2）有限责任公司的董事会/董事对于提交临时提案的股东之资格，无权进行审查。

2. 董事应提请董事会审查临时提案的内容是否合法合规，以及是否属于股东会职权范围

无论是股份有限公司还是有限责任公司，董事在收到股东向董事会提交的股东会临时提案后，应提请董事会审查：

（1）临时提案的内容是否违反法律、行政法规或者公司章程的规定；

（2）临时提案的内容是否属于股东会的法定及章程规定的职权范围。

3. 董事应提请董事会，或者联合公司过半数的董事，以董事会会议表决的方式审查临时提案股东的资格条件及议案内容等

经董事提请审查后，董事长应召集主持董事会以讨论对前述 1、2 项内容的审查事宜；如果董事长以及副董事长拒绝或不及时召集主持相应董事会，相应董事应联合公司过半数的董事召集主持董事会以讨论对前述 1、2 项内容

的审查事宜。

4. 董事应提请董事会将合格提案列入议案并按时通知其他股东

对于董事会审查后认为符合法律和公司章程要求的临时提案，董事应提请董事会在收到临时提案后 2 日内通知其他股东，并将该临时提案作为股东会议案提交股东会审议。

5. 有限责任公司董事/董事会应注意审查股东临时提案的提交时间是否早于股东会召开前 10 日，以便其他股东对临时提案可以进行充分的商讨

虽然临时提案一般都是在股东会召开通知后提出的，但提案股东仍应尽量保证所提临时提案通知到各股东时各股东仍有 10 ~ 15 日的议题商讨时间（该时间也可根据公司章程规定予以确定），以免该临时提案因为提前通知时间严重不足法定或章程规定的提前量（按法律规定一般为会议召开前 15 日，但公司章程可以酌情调整）而被其他股东以相关股东会决议因为存在严重程序瑕疵为由而主张撤销相应股东会决议。

【重要问题与分析】

问题一：

有限责任公司的股东为什么也享有临时提案权？有限责任公司董事会对股东临时提案的审查范围与股份有限公司董事会的审查范围有何不同？

分析：

《公司法》仅在股份有限公司章节第 115 条第 2 款规定了董事会对股东提交临时股东会的临时提案的审查职责，但并没有关于有限责任公司可以援引适用该条款的任何规定。

即法律并未明确规定有限责任公司董事会对股东临时提案的审查职责。那么，有限责任公司股东是否享有临时提案权呢？

1. 《公司法》并未剥夺有限责任公司股东的临时提案权

有限责任公司相比股份有限公司，一般情况下无论是治理结构还是治理方式均相对简单，关于股东会的召集主持方面的法律规范和章程规范也相对

简单，以至于《公司法》并未明确规定有限责任公司股东的临时提案权的行使事项。根据“举重以明轻”的法律解释原则，如果公司治理结构更复杂、治理规范更精密、对股东权利保护机制更健全的股份有限公司的股东都享有临时提案权，那么，有限责任公司的股东就更应当享有临时提案权。

同时，《公司法》第66条第1款规定，（有限责任公司）股东会的议事方式和表决程序，除该法有规定的外，由公司章程规定。根据常理，“议事方式”应包括拟讨论事项的提出（提案）、对已经提出事项的讨论方法和结果。由此可见，《公司法》基于有限责任公司的简单治理结构这一基础，将股东临时提案权这一归属于“议事方式”范畴的事项交由公司章程予以规范，并未剥夺有限责任公司股东的临时提案权。

2. 司法实践中对于有限责任公司股东是否享有临时提案权的不同司法案例

（1）主张有限责任公司股东不享有临时提案权的司法案例

北京市海淀区人民法院（2014）海民初字第14841号民事判决书中认为：魏某萍主张其所提议案并未纳入临时股东会会议的议案当中，故临时股东会会议的程序违法。对此，法院认为，魏某萍的上述诉讼主张是否成立，取决于有限责任公司股东在接到股东会会议通知后，是否当然享有进行临时提案的权利，这取决于公司章程和《公司法》① 是否有关于此的规定。首先，从京鲁公司的章程来看，其中虽规定有股东对临时股东会会议的召集权利，但并未规定其他股东享有临时提案权利。其次，《公司法》有关有限责任公司股东会召开程序的规定中亦未涉及股东提案权利的规定内容，而京鲁公司本身则为有限责任公司。此外，从现行《公司法》的其他规定内容来看，作为股份有限公司单独或者合计持有公司3%以上股份的股东，可以在股东大会召开10日前提出临时提案并书面提交董事会。由此看来，股东临时提案权的合法行使问题，仅与股份有限公司依法召开股东大会的程序有关。因此，

① 本书案例中所使用法律文件均为判决时有效的文件。

魏某萍在临时股东会会议召开前，向此次会议发出临时提案，其行为本身虽并无不当，但却并非判断该次会议程序是否存在瑕疵的法定依据。因此，魏某萍的上述诉讼主张应属于法无据，故法院亦不予支持。

持类似裁判观点的法院和司法案例还包括安徽省芜湖市镜湖区人民法院（2019）皖0202民初4801号民事判决书。

（2）主张有限责任公司股东享有临时提案权的司法案例

上海市青浦区人民法院在（2020）沪0118民初4759号民事判决书中认为，根据被告集大公司章程的规定，被告集大公司的股东会由全体股东组成；股东会会议分为定期会议和临时会议，并应当于会议召开15日以前通知全体股东等。根据原告提供的2019年7月12日《关于召开上海集大办公室家具有限公司股东会会议的通知》、《股东会临时提案》、股东授权委托书等证据可知，被告李某康于股东会会议召开15日前已通知原告、第三人李某会议召开时间、地点和审议的事项；原告于股东会会议召开10日前向被告李某康发送书面临时提案，明确议题和具体决议事项等；涉案股东会会议召开当日，原告、被告李某康到场参加会议，第三人李某出具书面委托书委托李某某到场参加会议等。因此，涉案股东会会议召集程序符合公司法的相关规定及被告集大公司章程的相关规定。

回顾北京市海淀区人民法院案例，该案二审法院——北京市第一中级人民法院在（2014）一中民（商）终字第9092号民事判决书中认为：《公司法》及京鲁公司章程均未有有限责任公司临时股东会议案必须提前明确议题和具体议事事项，否则临时股东会决议不具有合法性的规定，魏某萍依据《公司法》第102条关于股份有限公司临时股东会的规定主张有限责任公司临时股东会决议通知不合法，无事实及法律依据，法院不予采信。关于魏某萍主张临时股东会未对其（临时）议案进行表决的问题，因《公司法》及京鲁公司章程均未有所有提案均需审议、表决的规定，无法认定股东会未就相关提案表决违反《公司法》和公司章程的规定。

综合考察北京市第一中级人民法院的裁判观点，其虽未明确回复有限责任公司股东是否享有临时提案权，但其倾向于认为如果有限责任公司在公司章程中规定股东临时提案权的行使规范，该等规范仍具有法律效力。

（3）本书的倾向性结论

本书倾向于认为有限责任公司股东享有临时提案权。但为了保险起见，该等临时提案最好不迟于股东会召开前 10～12 日提交董事会，以便董事会将临时提案通知全体股东后，全体股东仍有较为充足的时间考虑临时提案的合理性以及表决结果，而临时提案股东也可以临时提案的提前提交时间略微不足只是显著轻微的程序瑕疵为由，抗辩相关股东可能主张的相应股东会决议无效。

3. 有限责任公司董事会对股东临时提案的审查范围与股份有限公司董事会的审查范围不同

在有限责任公司股东仍享有临时提案权的基础上，如果股东需要提交临时提案以供股东会讨论决议，基于董事会对股东会的召集权和董事长对股东会的主持职权，股东必须首先将临时提案提交董事会转呈股东会讨论；而董事会作为股东会的召集人和主持人，有义务对股东的临时提案进行审查，如审查该提案是否属于股东会的职权范畴，是否违反法律和行政法规的强制性规定，以及是否违反公司章程等。

但由于法律并未规定有限责任公司临时提案权的行使主体条件，而公司章程对于有限责任公司股东的临时提案权这一股东基本权利亦无权轻易剥夺，有限责任公司任何一位股东都享有临时提案权，故而董事会无权审查提出临时提案的股东是否具有合法资质。这是有限责任公司董事会与股份有限公司董事会对股东临时提案审查范围的不同之处。

问题二：

董事会对股东临时提案的审查义务如何转化为董事的义务？

分析：

《公司法》虽规定董事会对股东提交临时股东会的临时提案的审查职责，

但正如本书第一章第一节“一、董事审查和催缴股东实缴出资”所述，董事会的该部分职责依法应由自然人董事（如董事长、副董事长及过半数的董事推举的董事）按法律和公司章程规定的规则和顺序履行。

为了防止董事会被人为操控等原因拒绝或不按时履行上述审查或通知义务，导致全体董事可能需要对此承担责任，各董事有必要参照本书第一章第一节“一、董事审查和催缴股东实缴出资”和第一章第一节“二、董事会召集及董事长/董事主持股东会”尽到提醒审查和联合过半数董事召开会议进行审查的勤勉义务，以便在日后股东针对公司董事会/董事的诉讼中能够免责。

七、董事签署股东会会议记录

【适用场景】

1. 股份有限公司董事长、副董事长或过半数董事共同推举的董事主持股东会时；

2. 股份有限公司董事应股东会要求列席股东会时。

【履职行为描述】

股份有限公司董事应当在他/她出席的公司股东会会议记录上签名。

【法律责任/法律后果】

董事拒绝或不按时在他/她出席的股东会会议记录上签名的，可能承担如下法律责任：

1. 被股东代表在后续股东会上提出罢免议案；

2. 被认定为未尽勤勉义务而被监事会或股东代表在相关诉讼中要求对公司损失承担赔偿责任。

【履职指南】

1. 董事长、副董事长或其他过半数董事共同推举的董事根据公司章程规定主持股东会的，应在会议记录上签名。

2. 股份有限公司其他董事根据股东会的要求列席董事会的，应在股东会会议记录上签名。

【重要问题与分析】

问题：

董事不签署所出席股份公司股东会会议记录是否构成违反忠实义务或勤勉义务?

分析：

董事不签署所出席股份公司股东会会议记录不违反其忠实义务，但违反其勤勉义务。

《公司法》虽然未明确规定董事不按要求在其出席的股份公司股东会会议记录上签名的具体法律责任，但董事应当在其出席的股份公司股东会会议记录上签名构成董事的法定义务，其不依法签署股东会会议记录相应构成对法定义务的违反。

董事不签署所出席股份公司股东会会议记录的行为本身并不指向董事对公司利益的争夺或损害，也不侵害公司正常的交易秩序或交易选择权，所以类似行为不构成对忠实义务的违反。

但该等行为表明董事没有或无意积极履行职务，此时应视其情节轻重和相应损害后果的不同而分别被认定为轻度违反勤勉义务或根本违反勤勉义务。即便这一行为仅被认定为轻度违反勤勉义务而不一定需要承担赔偿责任，但可构成认定相关董事的其他行为严重或根本违反勤勉义务的补充或补强证据，从而可能在其他针对相关董事违反忠实义务或勤勉义务的诉讼案件中对其不利。

八、董事长/董事召集、主持董事会

【适用场景】

1. 董事长、副董事长或过半数董事共同推举的董事召集、主持董事会定期会议时；

2. 代表1/10以上表决权的股东、1/3以上董事或者监事会向董事长提议召开临时董事会会议后10日内，董事长召集和主持董事会临时会议时。

【履职行为描述】

董事长、副董事长或过半数董事共同推举的董事应根据法律和章程的规定，召集和主持董事会定期会议或临时会议。

【法律责任/法律后果】

董事长、副董事长或过半数董事共同推举的董事拒绝或不按时按程序召集和主持董事会会议的，可能产生：

1. 对公司的法律后果

（1）导致相关董事会决议未能及时作出；

（2）已经作出的董事会决议因存在会议召集或主持程序等方面的瑕疵而被人民法院判决撤销或被判决确认不成立。

2. 相关董事的法律责任

如果董事的相关行为给公司或相关当事方造成损失，相关董事可能承担如下法律责任：

（1）被股东代表或监事认定为没有尽到勤勉义务而被监事向股东会建议解任；

（2）被股东会罢免或更换；

（3）在相关诉讼中被要求对公司损失承担赔偿责任。

【履职指南】

1. 董事长、副董事长或过半数董事共同推举的董事应根据法律和章程的规定，及时召集和主持董事会定期会议。

2. 董事长应于具备法定资格的股东、法定人数要求的董事或监事会提议召开临时董事会后 10 日内及时召集主持董事会临时会议。

3. 董事长、副董事长或过半数董事共同推举的董事应于每次定期会议召开 10 日前通知全体董事。

4. 董事会每次会议均应按上述第 3 项要求通知各监事参会。

【重要问题与分析】

问题：

召集主持董事会的义务主体与召集主持股东会的义务主体有何不同？法律责任有何不同？

分析：

董事会由董事长召集和主持；而股东会由董事会召集，董事长主持。

不同于股东会的召集人和主持人分别由董事会和董事长担任，董事会的召集人和主持人归于一人即董事长（特定情形下为副董事长或过半数董事推举的董事）。作为董事会召集人和主持人的董事长或其他董事，依法应履行董事会的召集义务，将董事会会议事项通知全体董事以及全体监事。如果违反该召集和通知义务，其法律责任依法只应由会议召集人和主持人即董事长（特定情形下为副董事长或过半数董事推举的董事）承担，而不能无故波及其他非召集权董事（除非董事长不能履行其召集和主持义务的法定情形）。这是与董事会召集股东会情形下由全体董事最终对没有依法召集股东会承担法律责任的不同之处。

《公司法》虽然没有明确规定董事不按规定召集和主持董事会会议的具体法律责任，但因为董事长一般应当召集和主持董事会会议构成董事长的法定义务，那么他/她没有依法召集和主持董事会会议相应构成对其法定义务的根本违反，除非有合理理由可以不用亲自召集主持董事会，否则董事长或副董事长或过半数董事推举的董事的不召集/不主持董事会的行为将构成违反勤勉义务。

退而言之，即便董事不按规定召集和主持董事会会议的行为尚不足以被认定为违反勤勉义务，但可构成认定相关董事违反勤勉义务的补充或补强证据，从而可能在其他针对董事勤勉义务的诉讼案件中对其不利。

九、董事合法合规进行董事会表决

【适用场景】

1. 董事在董事会上表决时；
2. 董事委托其他董事参与董事会表决时。

【履职行为描述】

董事在就董事会议案进行表决时，应确保表决主体、表决方式、表决程序和表决事项本身的合法合规。

【法律责任/法律后果】

董事违反法律、行政法规、公司章程或股东会决议的规定进行董事会表决，可能导致：

1. 对公司的法律后果

（1）董事会决议不成立或被人民法院判决撤销或被确认无效；

（2）给公司造成损失。

2. 相关董事的法律责任

（1）相关违法违规表决的董事应对公司损失承担赔偿责任，但能够证明自己在表决时投反对票的除外。

（2）如果相关表决事项涉及不公允关联交易或损害公司利益且相关董事对此明知或应知，那么相关董事可能因不明确反对该项不合法不合规的决议事项而承担相应共同犯罪的刑事责任。如触犯挪用资金罪，为亲友非法牟利罪，徇私舞弊低价折股、出售公司、企业资产罪，非法经营同类营业罪，背信损害上市公司利益罪等，具体以表决所涉相关不公允关联交易或损害公司利益行为的具体情形按《刑法》的规定确定。

【履职指南】

1. 董事应严格遵守法律、行政法规、公司章程、股东会决议及监管部门或监管机构发布的有关董事会表决的条件或程序性规定等进行表决。

2. 董事对怀疑违法违规的决议事项应提请专业律师发表合法性意见后再予表决。

3. 董事也可聘请专业律师就怀疑是违法违规的决议事项可能造成的法律后果出具法律意见，并综合评估相应法律后果对公司产生的影响是否达到严重损失的程度，并在认为不构成严重损失的情况下自主进行表决。

4. 董事对自己确认违法或专业律师认为违法违规的决议事项，或对修复完善后仍无法修补其重大程序性违法违规性的事项，应书面表达反对意见并查阅是否已经记录在会议记录中（留痕）。

5. 董事对于应当回避的表决事项应主动回避，对于自己应回避情形下拟接受他人委托的表决事项事先婉拒。

6. 应特别注意对违法违规的董事会表决事项的弃权不能减免风险。

7. 股东公司的董事被委派/提名到项目公司担任董事时，应首先审查股东公司和项目公司是否存在同业竞争关系以及自己对股东公司是否负有竞业限制的法定或约定义务；若有，则应取得股东公司和项目公司各自股东会/董事会关于同意兼职并豁免同业竞争法律责任的文件。在项目公司董事会表决事项可能与股东公司利益冲突时，首先应申请回避项目公司董事会的表决，若项目公司董事会仍同意表决，则应以“项目公司利益最大化”为目标进行判断和表决。在股东公司董事会表决事项可能与项目公司利益冲突时，除比照前述申请回避外，还应以“股东公司利益最大化”为目标进行判断和表决。

股东公司的董事被委派/提名到项目公司担任董事时，如遇利益冲突的董事会表决情形，相关被委派/提名人员可以回避、弃权或缺席相关项目公司董事会表决。

8. 仅需注意，对违法违规事项的决议才需予以反对，并不是要求董事对项目能否盈利等商业判断事项承担法律责任。

【重要问题与分析】

问题一：

董事合法合规表决是否仅为股份有限公司董事的义务？

分析：

董事合法合规表决是股份有限公司和有限责任公司董事的义务。

《公司法》虽然仅在股份有限公司部分即第 125 条第 2 款（非在总则部分）规定了董事表决不得违反法律法规、公司章程和股东会决议，但董事的表决行为和董事的管理行为均为董事履职的组成部分（详见叶林教授所论：董事作为董事会成员，其执行职务的方式可分为两种：一是董事以个体的身份执行职务，如依照委任直接管理公司内部事务，或在对外事务中签订合同或签发支票。二是董事以董事会成员的身份执行职务。如董事审阅董事会的会议议案和说明文件，就议案提出质询，作出独立判断并投票①）。而《公司法》第 179 条规定“董事、监事、高级管理人员应当遵守法律、行政法规和公司章程”和第 188 条规定“董事、监事、高级管理人员执行职务违反法律、行政法规或者公司章程的规定，给公司造成损失的，应当承担赔偿责任”均指向所有类型公司（包括有限责任公司和股份有限公司）董事的履职行为，即无论是股份有限公司还是有限责任公司的董事，无论是表决行为还

① 参见叶林：《功能主义视野下的董事勤勉义务》，载《环球法律评论》2024 年第 1 期。

是经营管理行为，都必须合法合规。

由此，董事合法合规表决义务，既适用于股份有限公司，也适用于有限责任公司。

问题二：

董事如何避免对董事会表决事项合法合规性的识别局限所致的法律责任？

分析：

董事必须合法合规地进行表决是董事的法定义务。

但因为董事对于经营管理事项的合法合规性的判断因专业因素而存在局限，所以董事应当聘请或提议公司聘请专业律师对表决事项的合法性发表专业意见，董事再根据专业律师发表的法律意见决定如何表决，就能较为容易地证明自己已经尽到了勤勉尽责的义务，避免了可能由股东或公司债权人等发起的有关董事没有尽到勤勉尽责义务的指控，给董事合法高效履行表决义务增加了一层专业保护，如此既有利于防止和减少董事非故意或非重大过错情形下的违法表决所致的损害赔偿，也有利于董事专心经营管理决策，提高公司的经营效益。

十、董事接受监事质询

【适用场景】

监事列席董事会并就董事会决议向董事提出建议或质询时。

【履职行为描述】

董事应接受列席董事会的监事就董事会决议事项提出的建议和质询，并对质询予以回复。

【法律责任/法律后果】

董事拒绝接受监事就董事会决议提出的建议和质询，或者拒绝或不及时对监事质询予以回复的，可能产生以下法律责任：

1. 被监事或监事会认定为不勤勉尽责而向股东会建议解任；

2. 如果公司根据相关董事会决议与第三方进行不公允关联交易或因相关董事会决议而致公司利益受损，相关董事拒绝接受监事质询的行为可能更易于被司法裁判机关或仲裁机构认定为恶意串通或明知故犯的主观恶意，从而在监事会或股东代表提起的损害公司利益责任纠纷民事诉讼中被要求承担更重的赔偿责任；或者在相关刑事诉讼中更易于被公诉机关或审判机关认定为具有主观恶意。

【履职指南】

1. 董事应积极接受监事就董事会决议的质询，并如实回复相关问题。

2. 董事应要求公司记录并保管监事的质询意见和董事的回复意见。

【重要问题与分析】

问题：

董事不接受监事就董事会决议事项的质询是否构成违反忠实义务或勤勉义务？

分析：

董事不接受监事就董事会决议事项的质询不违反其忠实义务，但违反其勤勉义务。

《公司法》虽没有明确规定董事不接受监事质询的具体法律责任，但因董事应当接受监事就董事会决议的质询构成董事的法定义务，他/她拒绝或不及时接受相应质询和对质询进行回复则构成董事对其法定义务的违反。

董事不接受监事就董事会决议事项质询的行为本身并不指向董事对公司利益的争夺或损害，也不侵害公司正常的交易秩序或交易选择权，所以类似行为不构成对忠实义务的违反。

但该等行为表明董事没有或无意积极履行职务，此时应视情节轻重和相应损害后果的不同而分别被认定为轻度违反勤勉义务或根本违反勤勉义务。即便这一行为仅被认定为轻度违反勤勉义务而不一定需要承担赔偿责任，但可构成认定相关董事的其他行为严重或根本违反勤勉义务的补充或补强证据，从而可能在其他针对相关董事违反忠实义务或勤勉义务的诉讼案件中对其不利。

十一、董事签署董事会的会议记录

【适用场景】

董事出席并参与董事会表决时。

【履职行为描述】

董事应对自己所出席并参与董事会表决的会议记录予以签名确认。

【法律责任】

董事拒绝或不及时签署自己所出席并参与表决的董事会会议记录，可能产生以下法律责任/法律后果：

1. 对公司的法律后果

（1）可能导致相关董事会决议被主张存在表决瑕疵而被认定为不成立或可撤销等。

（2）在相关董事会记录被他人篡改、涂改或替换时，因缺乏相关董事的签名致使该董事很难有效证明确实存在篡改等情形，导致诉讼中举证受阻。

2. 相关董事的法律责任

相关董事可能被监事会或监事认定为不勤勉尽责而向股东会建议解任。

【履职指南】

1. 董事应对自己所出席并参与表决的董事会会议记录进行核实，确认属实后应签名确认。

2. 董事应要求公司妥善保管董事会会议记录。

【重要问题与分析】

问题：

董事不签署所出席并参与表决的董事会的会议记录是否构成违反忠实义务或勤勉义务？

分析：

董事不签署所出席并参与表决的董事会的会议记录不违反其忠实义务，但违反其勤勉义务。

《公司法》虽然没有明确规定董事不签署其所出席并参与表决的董事会会议记录的具体法律责任，但因为董事应当签署相应董事会会议记录构成董事的法定义务，他/她拒绝或不及时签署的行为相应构成董事对其法定义务的违反。

董事不签署其所出席并参与表决的董事会的会议记录的行为本身并不指向董事对公司利益的争夺或损害，也不侵害公司正常的交易秩序或交易选择权，所以类似行为不构成对忠实义务的违反。

但该等行为表明董事没有或无意积极履行职务，此时应视其情节轻重和相应损害后果的不同而分别被认定为轻度违反勤勉义务或根本违反勤勉义务。即便这一行为仅被认定为轻度违反勤勉义务而不一定需要承担赔偿责任，但可构成认定相关董事的其他行为严重或根本违反勤勉义务的补充或补强证据，从而可能在其他针对相关董事违反忠实义务或勤勉义务的诉讼案件中对其不利。

十二、董事申报、表决和实施关联交易的特别义务

【适用场景】

董事在自己或其关联公司拟与公司进行关联交易的整个环节。包括：

1. 董事在自己或其关联公司准备与公司进行关联交易前；

2. 董事在董事会就关联交易相关议案进行表决时；

3. 董事在公司董事会或股东会决议准许相关关联交易后实施该关联交易的过程中。

【履职行为描述】

董事在自己或其关联公司拟与所任职公司进行关联交易前，应当向自己所任职公司董事会或股东会申报，并在公司董事会进行相关事项的表决时主动遵守回避规范，在得到公司准许后应公允地实施相关关联交易。

【法律责任/法律后果】

董事违反法律、行政法规或公司章程的规定，未经向股东会/董事会申报并获批准，擅自进行关联交易；或者董事对董事会关于关联事项的表决应予回避而不回避，或董事在公司股东会/董事会决议批准相应关联交易后不公允地实施该项交易，可能产生：

1. 对公司的法律后果

（1）导致相关关联交易被人民法院判决确认无效或被撤销；

（2）导致相关董事会决议或股东会决议被人民法院判决撤销；

（3）给公司造成损失。

2. 相关董事的法律责任

（1）如果因相关关联交易不公允给公司造成损失，相关董事应对公司的损失承担赔偿责任；

（2）相关董事被认定为没有尽到勤勉义务而被监事会向股东会建议解任，或者被股东会罢免或更换董事。

【履职指南】

1. 董事应严格遵守法律、监管机构和公司章程规定的关联交易申报制度，秉持忠实义务和勤勉义务主动申报嵌套型、隐秘型变相关联交易。

2. 董事应根据章程对关联交易的不同要求，向对应的董事会或股东会进行申报，并取得董事会或股东会的相应决议。

3. 董事对于涉及自身的关联交易，特别是嵌套型、隐秘型变相关联交易应主动向董事会声明回避，并声明自己不被计入到会董事人数和表决权总数。

4. 其他董事对于某一董事所涉关联交易的表决，应本着公允交易价格和交易条件和商业判断原则进行表决。

【重要问题与分析】

问题：

董事不对关联交易预先进行报批或报批后不按程序回避表决，或拟进行的关联交易不公允损害公司利益的，董事是否构成违反忠实义务或勤勉义务？公司如何维权？

分析：

董事的相关行为可能违反其忠实义务，也可能违反其勤勉义务。

任何情形下，董事均应本着忠实勤勉的职业要求，主动披露、申报和回避关联交易表决，并本着公允交易价格和交易条件与公司进行关联交易。这是董事在《公司法》下的法定义务。

董事如果违反该等法定义务，在申报审批流程不合法、表决流程应回避而不回避致使相应董事会决议无效、签订该关联交易合同的董事无董事会或股东会有效授权等情形下与公司进行关联交易，本身就不构成善良管理人，不符合勤勉义务要求正常管理者的通常合理注意义务，故而构成违反勤勉义务。

如果因该等关联交易而损害公司利益或损公肥私，那么该等行为构成与公司争夺利益，违反董事对公司的忠实义务。

在相应情况下，由于董事违反忠实义务或勤勉义务，且签订该关联交易合同的董事无董事会或股东会有效授权，而关联交易的相对方基于关联方的特定身份，在相应情形下应当被推定为知道相关董事无充分有效授权而不构成善意相对人，如此将导致关联交易合同无效或被撤销；公司可主张关联交易合同对公司不生法律效力，并可主张董事违反忠实义务或勤勉义务而应对公司的损失承担赔偿责任。

十三、担任法定代表人的董事向股东披露董监高从公司获得报酬的情况

【适用场景】

公司在每一年度定期报告中拟披露董监高从公司获得报酬的情况时，或董监高报酬发生变化后公司拟在临时报告中披露董监高的报酬变化情况时。

【履职行为描述】

担任公司法定代表人的董事（含董事长），应按照法律和公司章程的规定，以公司名义定期向股东披露董监高从公司获得报酬的情况；或者在董监高从公司获得报酬的情况发生变化后及时以临时报告的方式向股东披露董监高变化后从公司获得报酬的情况。

【法律责任/法律后果】

1. 民事责任

担任法定代表人的董事（含董事长）拒绝或怠于亲自或指示下属职员以公司名义向股东披露董监高的报酬事项及其变化情况，如果导致公司没有向股东披露董监高的真实准确的报酬情况的，相关董事（含董事长）：

（1）可能被股东或监事认定为没有尽到勤勉义务而被监事会向股东会建议解任，或者被股东会罢免或更换董事；

（2）在相关诉讼中被要求对公司损失承担赔偿责任。

2. 刑事责任

如果公司为上市公司且拒绝或怠于披露董监高的报酬事项，公司可能构成违规披露、不披露重要信息罪（《刑法》第161条），作为公司主要负责人

的法定代表人（董事长/董事/经理）和直接负责相关信息披露的董事或高管，也应当对单位犯罪承担刑事责任，最高面临“五年以上十年以下有期徒刑，并处罚金”的刑事处罚。

【履职指南】

1. 及时披露

担任法定代表人的董事（含董事长）应亲自或指示下属职员按法律和公司章程规定的时间及时披露董监高从公司获得报酬的情况及其变化情况，不应不当延误。

2. 如实披露

担任法定代表人的董事（含董事长）应亲自或指示下属职员按董监高实际从公司取得的报酬进行披露，不得弄虚作假。

3. 仅限担任法定代表人的董事

仅限担任法定代表人的董事（含董事长）负有代表公司进行披露的义务，其他董事或高管甚至下属职员即便受公司委托或指令代为披露，也只是基于约定自愿履行披露义务，但其本身并不负担必须代表公司进行披露的法定义务，无须忧虑承担未披露情形下的法律责任。

【重要问题与分析】

问题：

公司定期披露董监高报酬的法定义务与董事职责有何关系？

分析：

担任法定代表人的董事系根据其法定职责代表公司办理披露董监高报酬事项。

虽然《公司法》规定披露董监高报酬事项的义务主体是公司，但由于公司是拟制的法人组织，依法只能由身为自然人的法定代表人或被授权的委托代理人以公司名义代表公司实施相应民事行为。不仅公司披露董监高报酬的行为如此，甚至公司所有事务（指非财产性义务承担）的执行都是如此，都是由法定代表人亲自或委托其他公司职员通过执行职务行为的方式来完成。

根据《公司法》的规定，法定代表人由章程规定的董事或经理担任。也就是说，代表公司执行具体事务的自然人，根据公司章程的规定，将可能分别是董事长、董事或经理。当公司由董事长或董事担任法定代表人时，定期披露董监高报酬及其变化情况的义务主体将是公司董事长或董事，至于董事长或董事是亲自还是委托/指示他人代理实施披露事项，都不影响董事长或董事代表公司实施披露行为的责任。

另外，虽然从公司外部当事人的视角看应由公司定期披露董监高报酬，故而应由公司对外部当事人承担不依法披露的民事责任；但从公司内部关系的角度考察，公司对外承担的民事责任最终将通过公司向董事主张追偿而由负有责任的董事承担。

因此，担任法定代表人的董事长或董事，应亲自或指示下属职员及时披露董监高从公司获得报酬的情况及其变化事项。

十四、担任法定代表人的董事办理公司的商事变更登记

【适用场景】

公司发生股权转让、增资扩股等导致股东/股权发生变更，或公司发生其他登记事项变更需要办理商事变更登记时。

【履职行为描述】

担任法定代表人的董事（含董事长）在公司发生股权转让或增资扩股等情形致使公司需要办理商事变更登记时，应亲自或指示下属职员及时以公司名义办理。

【法律责任/法律后果】

担任法定代表人的董事（含董事长）在公司发生需要办理商事变更登记

的事项时，未亲自或指示下属职员及时办理相应商事变更登记，导致公司承担相应赔偿责任的，相应董事应赔偿公司因此所遭受的损失。

【履职指南】

1. 及时办理

担任法定代表人的董事（含董事长）应根据转让股东的通知（股权转让时）/增资协议的约定（增资扩股时），亲自或指示下属职员及时为受让方/认购增资方办理股东名册/股权变更登记和相应商事变更登记。

担任法定代表人的董事（含董事长）应根据股东会决议/董事会决议，亲自或指示下属职员及时办理其他登记事项的变更登记事宜。

2. 仅限担任法定代表人的董事

仅限担任法定代表人的董事（含董事长）负有代表公司办理相应变更登记的义务，其他董事或高管甚至下属职员即便受公司委托或指令代为办理相应变更登记，也只是基于约定自愿履行或基于职务关系而不得不履行相应义务，但其本身并不负担代表公司办理相应变更登记的法定义务，无须忧虑承担未办理相应变更登记情形下的法律责任。

【重要问题与分析】

问题：

公司及时办理商事变更登记的法定义务与董事职责之间有何关系？

分析：

担任法定代表人的董事系根据其法定职责代表公司办理相应商事变更登记事项。

详情请参照本书第一章第一节“十三、担任法定代表人的董事向股东披露董监高从公司获得报酬的情况”。

十五、董事留任

【适用场景】

董事任期届满或董事辞职致使公司剩余董事人数不足法定的公司董事最低人数（董事会最低 3 人，董事最低 1 人）；或者致使特定董事（如职工董事或上市公司独立董事或国有独资公司外部董事）不足法定的相应最低人数时。

【履职行为描述】

董事任期届满或辞职致使公司剩余董事人数不足法定的公司董事最低人数；或者致使特定董事（如职工董事或上市公司独立董事或国有独资公司外部董事）不足法定的相应最低人数时，相应董事仍应留任至公司新的董事就任之时，或至公司相应特定董事就任之时。

【法律责任/法律后果】

董事或特定董事在辞职或任期届满后，如果公司剩余董事人数不足 3 人（董事会）或 1 人（董事）；或剩余特定董事人数不足法定的相应最低人数时，在新董事就任前，如果原董事不继续留任董事，可能产生：

1. 对公司的法律后果

（1）导致公司无法形成任何董事会决议，或公司董事会组成不合法，或相应董事会决议可能因董事会组成不合法而被撤销。

（2）可能给公司造成损失。

2. 相关董事的法律责任

如果董事无正当理由拒绝留任给公司利益造成损害的，相关董事应赔偿公司因此所遭受的损失。

【履职指南】

1. 新董事就任前，原董事仍应履行董事职务；但在辞职意思表示送达超过60天公司仍未改选新董事予以接替的情况下，原董事可向人民法院起诉请求解除委托合同并涤除董事任职的公示信息备案。

2. 原董事在看守履职期间虽仍应履行忠实义务和勤勉义务，但该义务的履行不应损害已辞职董事的劳动权，即看守董事有权突破《公司法》关于限制同业竞争的规定，通过为其他用人单位提供劳动或为其他机构提供服务的方式获取生活所需收入，但前提是该董事不得利用他/她的董事任职便利而损害其所看守任职公司的利益。

【重要问题与分析】

问题：

被解聘董事是否仍需留任？董事的留任义务与董事的劳动权之间如何平衡保护？

分析：

任期内被公司解聘的董事无须留任至新董事就任之时。

《公司法》仅规定董事在任期届满未及时改选以及任期内辞职时的留任义务，但未规定任期内被解聘的董事负有留任义务，即任期内被解聘的董事不负有留任义务。理由是：

董事已经任期届满或辞职时，他/她与公司之间的委任或聘任关系本已终止，法律之所以规定其暂时留任，完全是为了公司组织体正常运作的需要而让辞职或届期董事作出的暂时单方牺牲。这种单方牺牲是为了给予公司宽限期以选举出新的董事接替原董事。

但如果公司主动解聘原董事，公司自当做好选举新董事以接替原董事的准备，且公司也完全有能力做好相应的准备，以维护公司组织机构的稳定性。此种情况下，由于公司主动解聘在先，其有充分的时间确定接替人选，完全没有必要让被解聘董事继续留任来等待新董事的产生。

因此，任期内被解聘的董事无留任义务。

对于任期届满或辞职的董事，虽然法律规定了相应董事的留任义务，但从权利义务平衡的角度讲，留任董事在此种情况下虽仍应履行忠实义务和勤勉义务，但该等义务的履行不应妨碍留任董事依法应享有的劳动权的行使，即相比劳动权这一基本权利，公司对董事的留任权应处于次要地位。同时，也不应放纵公司以董事留任为理由而长期恶意不积极改选新董事予以接替的不诚信行为。

因此，相应情形下不应限制该董事在其他单位兼职或为其他单位服务而赚取酬劳的权利，但前提是该董事不得利用他/她的董事任职便利损害公司利益；同时，公司仍应向留任董事支付董事报酬；另外，司法上应给予留任董事通过诉讼方式彻底解除前述不诚信或恶意留任行为的救济渠道。

十六、董事被限制操控公司资助他人取得本公司或其母公司股份

【适用场景】

董事拟操控公司资助他人取得本公司或其母公司的股份/股权时。

【履职行为描述】

非经法定程序取得公司允许，董事不得操控公司资助他人取得本公司或其母公司的股份。

【法律责任/法律后果】

除为实施员工持股计划目的以外，未经股东会决议或股东会授权的董事会决议，并为公司利益需要，董事若操控公司为他人取得本公司或者其母公司的股份而提供财务资助且财务资助的累计总额超过公司已发行股本总额的10%，因此给公司造成损失的，相关董事应承担赔偿责任。

【履职指南】

1. 董事会按照公司章程或者股东会的授权作出决议后，董事方可代表公司为他人取得本公司或者其母公司的股份提供财务资助，但财务资助的累计总额不得超过已发行股本总额的10%。

2. 董事会作出相应决议应当经全体董事的2/3以上通过。

【重要问题与分析】

问题一：

公司被限制资助他人取得本公司或其母公司股份的义务与董事职责之间的关系如何？董事操控公司资助他人取得本公司或其母公司股份是否构成违反忠实义务或勤勉义务？

分析：

董事被禁止操控公司资助他人取得本公司或其母公司股份，相应行为可能违反忠实义务。

《公司法》第163条第1款明确规定，公司除为实施员工持股计划外"不得为他人取得本公司或者其母公司的股份提供赠与、借款、担保以及其他财务资助"。该条规范的义务主体是公司，而不是董事。

但由于公司最终是通过自然人执行公司决议（如股东会决议或董事会决议）的形式来执行公司的意志，公司的法定义务也是由公司机构（如股东会、董事会或经理层）的成员依法履行的，这就为董事或实际控制人操控公司并以公司名义实施可能损害公司利益的行为留下了可能。

有鉴于此，《公司法》第163条第3款规定，"违反前两款规定，给公司造成损失的，负有责任的董事、监事、高级管理人员应当承担赔偿责任"，实际上是要对操控公司并以公司名义实施违法资助行为的董事课以赔偿责任。

至于如何判断董事是否操控公司实施前述违法资助行为，可以从公司的相关资助行为是否经过股东会或董事会的决议、相关决议的内容和程序是否合法合规、相关决议是否成立或可撤销或无效以及相关决议是否存在控股股东或实际控制人滥用股东权利等情形来综合判断。

如果董事操控公司对他人取得本公司或母公司股权（或股份）的行为提供财务资助（如赠与资金、无息或低息借款等），那么相关董事的操控行为要么损害了公司资金的本金，要么损害了公司资金的利息，从而损害公司的利益。据此，相关董事应被认定为违反了对公司的忠实义务，依法应当对公司所资助资金的本金和利息损失承担赔偿责任。

问题二：

有限责任公司的董事是否被限制操控公司资助他人取得本公司或其母公司股权？

分析：

有限责任公司的董事同样被限制操控公司资助他人取得本公司或其母公司股权。

《公司法》第163条第1款所限制的是董事操控股份有限公司资助他人取得本公司或其母公司股份，综观《公司法》有限责任公司篇章的法律条文，并无相同或类似的限制或禁止性规定。那么，有限责任公司的董事是否被限制操控公司资助他人取得本公司或其母公司股权？

“法不禁止即可为”。表面看来，有限责任公司为他人取得本公司或者其母公司的股权提供赠与、借款、担保以及其他财务资助，并不违反《公司法》的明确禁止性规定，初步考察该行为应当有效。

但是，正如《公司法》第15条“公司向其他企业投资或者为他人提供担保，按照公司章程的规定，由董事会或者股东会决议”所要求，公司为他人提供担保或提供借款（属于投资中的债权投资）均应经董事会或股东会决议同意方能实施。因此，公司如果向意图成为公司股东或母公司股东的第三方提供财务资助（或无偿赠与或无息借款或低息借款），相应决定依法必须经董事会或股东会决议同意才可作出。否则，董事擅自以公司名义为第三方提供财务资助，要么违反了公司的决策意志，要么可能因相关财务资助行为没有合理的商业目的（对应“实施员工持股计划”之目的），或者没有获得合理的财务收益（对应“无偿赠与”）；或者没有要求合理的偿债担保措施（对应“资助”），致使该行为不仅损害公司的资金利息收益，而且可能损害公司的资金本金安全，构成对公司利益的不法侵害。从这个角度考察，无论是针对股份有限公司，还是针对有限责任公司，董事的相应操控行为都构成对公司合法利益的非法损害，从而明显违反忠实义务。

因此，从谨慎的角度考察，有限责任公司的董事同样被限制操控公司资助他人取得本公司或其母公司股权，除非公司的资助行为取得股东会或董事会 2/3 以上表决通过。

十七、董事被限制谋取公司的商业机会

【适用场景】

担任公司董事职务的人意图谋取属于本公司商业机会时。

【履职行为描述】

董事不得利用职务便利为自己或者他人谋取属于公司的商业机会。

【法律责任/法律后果】

除非公司不能利用相应商业机会或董事已向董事会或股东会报告并取得董事会或股东会同意，否则董事如果利用职务便利为自己或者他人谋取属于公司的商业机会，需要承担如下法律责任：

1. 可能被认定为违反忠实义务、违法违规，所得需返还任职公司；
2. 如果给任职公司造成损失，还应承担损失赔偿责任。

【履职指南】

1. 只有当公司董事所意图谋取的商业机会是本公司意图或正在争取或已

经归属于公司的商业机会时，董事才不能去争取甚至夺取。

2. 公司董事在知悉公司意图谋取相应商业机会或相应商业机会已经归属于公司时，应立即放弃对该商业机会的直接或间接的谋取行为。但相关董事的关联公司在此前已经在意图谋取相应商业机会或相应商业机会已经归属于相关董事的关联公司的情形除外。

3. 如果公司不能利用该商业机会或该董事向董事会或者股东会报告，并经董事会或者股东会决议允许，那么该董事的相应行为不受禁止。

【重要问题与分析】

问题：

如何判断董事是否谋取或意图谋取公司的商业机会？

分析：

董事谋取公司的商业机会的违法行为，本质上是侵权行为；而判断董事的行为是否构成谋取公司商业机会的侵权行为，则应考虑下列情况：（1）该商业机会必须已经归属于公司，或公司已经为获取该商业机会作出了实质性努力，使公司有可能获取该商业机会；（2）董事明知或应知公司取得或正在争取该商业机会；（3）董事利用了其任职便利，实施了放任公司机会，并恶意将该商业机会争取到自己或自己关联公司名下而非所任职公司名下的行为。

董事在明知公司已经取得或争取取得该商业机会的情况下，自应知道该商业机会构成公司的重大利益。但董事并未“采取措施避免自身利益与公司利益冲突”，而是为了自己利益而置公司利益于不顾，甚至与公司或明争或暗斗地谋取该商业机会。董事的相应行为违反了忠实义务（董事应以公司利益为最大利益，不与公司争利），应当对公司损失承担赔偿责任。

最高人民法院案例库案例：

上海市青浦区人民法院（2019）沪0118民初17485号民事判决书的裁判要旨：

1. 在商业机会的归属认定上，坚持以公平为原则，着重从公司的经营活动范围、公司对商业机会的实质性努力等方面综合判断。在明确当事人的职务身份的基础上，采用客观化的要素分析考量商业机会的归属。首先，通过公司的经营活动范围确定公司商业机会的保护边界，在司法审查中从形式和实质两个层面进行把握：形式上对公司登记的经营范围进行审查，若该商业机会不在注册的范围内，则需进一步从实质方面进行审查，即公司实际的经营活动范围。其次，属于公司的商业机会的产生离不开公司的实质性努力。实质性努力是公司董事、高管等具有特定身份的人实施的营造行为，这种营造行为一般表现为公司为获取该商业机会而投入的人力、财力等资源，或者是在以往经营中逐渐形成的，尤其是在案件审理过程中需明确商业机会来源的核心资源，对于核心资源的判断应以对商业机会生成起到关键作用为标准，如人力资本、财力、信息、渠道、资料。最后，对商业机会归属的判断，也应考量机会提供者对交易相对人的预期，理论及实务界对这一因素普遍持认可态度，实务中多数机会提供者没有明确意向，但若机会提供者有明确意向，在案证据亦可佐证，审理中可据此作出判断。

2. 在高管的行为是否构成“谋取”上，应以善意为标准，重点审查披露的及时性、完全性、有效性。针对有限责任公司合意性较强的特点，重点审查公司是否在事实上同意，而公司同意的前置条件在于高管对公司尽到了如实的披露义务，甄别高管的披露动机是否善意，以判断其是否履行忠实义务。在披露时间的及时性上，从理性管理人的角度考虑，审查高管是否在利用公司机会之前就将商业机会披露给公司，除非在诉讼中能够承担其行为对公司公平的举证责任；在披露内容的完全性，高管向公司应真实、准确以及完整地披露包括交易相对方、性质及标的等与机会本身有关的事实、与公司利益有关联的信息，不得故意陈述虚伪事实或者隐瞒真实情况，具体认定上应从正常合理的角度去考量，高管应作出一个普通谨慎的人在同等情形下应作出的勤勉和公正；在披露效果的有效性上，需确保公司决定是在已及时、充分了解商业机会相关的所有内容，而非基于瑕疵披露的“引诱”而作出错误决定。

参考案例：

最高人民法院在（2012）民四终字第15号民事判决书（二审）（最高人民法院公报案例2014年第11期）中亦认为：关于李某山、涂某雅、华通公司的行为是否构成单独或者共同侵权，从而剥夺了香港新纶公司的商业机会，进而损害了香港新纶公司的合法权益。这一问题，首先取决于案涉700亩土地使用权是否应当认定为专属于香港新纶公司的商业机会。其次，要审查香港新纶公司或者林某恩为获取该商业机会是否作出了实质性的努力。最后，要审查李某山、涂某雅、华通公司在本案中是否采取了剥夺或者谋取行为。本案中，要构成剥夺或者谋取香港新纶公司的商业机会，李某山、涂某雅或者华通公司应当单独或者共同采取欺骗、隐瞒或者威胁等不正当手段，使林某恩或者香港新纶公司在不知情的情况下放弃该商业机会，或者在知情的情况下不得不放弃该商业机会。

十八、董事被限制同业竞争

【适用场景】

担任公司董事职务的人意图自营或为他人经营与本公司同类业务时。

【履职行为描述】

董事未经公司准许不得自营或者为他人经营与其任职公司同类的业务。

【法律责任/法律后果】

董事未经向董事会或股东会报告并取得董事会或股东会同意，擅自自营或者为他人经营与其任职公司同类的业务，可能承担如下法律责任：

1. 民事责任

（1）违反忠实义务、违法违规经营所得需返还任职公司；

（2）如果给任职公司造成损失，还应承担损失赔偿责任。

2. 刑事责任

可能触犯非法经营同类营业罪（《刑法》第165条），最高面临“三年以上七年以下有期徒刑，并处罚金”的刑事处罚。

【履职指南】

1. 认定同业应以营业执照或公司实际的主营业务范围为参照对象进行比较

公司董事一般不得自营或者为他人经营与其任职公司同类的业务，考察业务的同类性一般可以营业执照记载的经营范围［深圳市中级人民法院（2019）粤03民终1041号民事判决书认为，工商信息显示二公司经营范围与光息谷科技公司经营范围有重叠。原审认定行为构成自营与所任职公司同类业务，违反同业禁止义务，并无不当］或公司主营业务收入对应的业务范围为准。

2. 同业竞争并非一律被禁止，而是被限制

如果董事经向董事会或者股东会报告并经董事会或者股东会决议允许，则不受禁止。

3. 变相同业竞争同样被限制

董事虽不以自己的名义为自己经营同类业务，也不以自己的名义为其关联方经营同类业务，但董事以顾问或居间人等隐秘身份甚至以近亲属参与其他公司经营管理的方式，为自己实际全部或部分持有的公司经营同类业务的，属于变相同业竞争，也属于被限制对象。

【重要问题与分析】

无。

十九、董事被禁止不公允关联交易

【适用场景】

1. 在董事拟实施损害公司利益的关联交易前；

2. 董事拟通过操控公司向其关联方恶意低价增资扩股以稀释原股东股权，或拟以低于正常评估价值的价格向关联方出售公司资产时。

【履职行为描述】

董事不得实施损害公司利益的关联交易，禁止董事恶意低价增资扩股（或发行股份）或以不正当低价出售公司资产。

【法律责任/法律后果】

董事直接或间接违反申报或表决等程序性规定，徇私舞弊低价发行公司股份或低价出售公司资产，若给公司造成损失的，相关董事可能承担如下法律责任：

1. 民事责任

（1）被认定为违反忠实义务、违法违规经营的所得需返还任职公司；

（2）如果给任职公司造成损失的，还应承担损失赔偿责任。

2. 刑事责任

董事的上述行为可能触犯徇私舞弊低价折股、出售公司、企业资产罪（《刑法》第169条）；为亲友非法牟利罪（《刑法》第166条），背信损害上市公司利益罪（《刑法》第169条之一）。

【履职指南】

1. 董事不得滥用控制力或影响力操控不公允的关联交易。

公司董事不得利用其对公司的控制力或影响力，向其关联方以不公允的价格或不公允的交易条件转让公司资产或增发新股/增资扩股。

2. 董事不得与中介机构合谋操控价格或越权进行不公允的关联交易。

公司董事不得与资产评估机构或审计机构合谋低报公司资产价格，或未经董事会或股东会准许，越权代表公司签署相关低价转让公司资产或以不正当价格增资扩股等价格不公允的合同。

3. 董事应高度关注低价折股或低价转让公司资产等不公允关联交易可能需要承担的刑事责任。

【重要问题与分析】

问题：

关联交易均应被禁止吗?

分析：

关联交易均应根据其是否损害公司利益以及是否经过公司内部有权机关的决议同意而判断其是否应被禁止。

《公司法》并不当然地禁止董事所涉关联交易，但是基于董事对公司所负的忠实义务，他/她必须避免与公司发生利益冲突，并以公司利益为唯一利益。为此，当可能发生董事所涉关联交易时，法律要求董事首先向公司申报，披露拟发生的关联交易的详细信息，待公司股东会或董事会经评估作出决定后再决定是否需要与公司进行该关联交易。

也就是说，公司并不当然禁止董事所涉关联交易。

但是，即便董事经公司准许实施相关关联交易，也必须秉持忠实义务和公允的交易价格来实施和完成相应交易，不能以关联交易已经获批为由而高买低卖损害公司利益。如果在关联交易实施环节出现损害公司利益的情形，相关董事仍应承担损失赔偿责任。甚至可能需要承担刑事责任。

归纳而言，公司禁止董事实施的是未经申报或未经批准的不公允关联交易。

二十、董事被禁止协助或放任股东抽逃出资

【适用场景】

公司董事已经知道或应当知道股东抽逃出资时。

【履职行为描述】

董事不得协助股东抽逃出资，也不得明知而放任股东抽逃出资。

【法律责任/法律后果】

董事故意协助股东抽逃出资，或违反忠实义务和勤勉义务放任股东抽逃出资，给公司或债权人造成损失的，相关董事可能承担如下法律责任：

1. 民事责任

（1）被认定为违反忠实义务或勤勉义务；

（2）如果给任职公司或债权人造成损失，还应承担损失赔偿责任。

2. 刑事责任

可能构成抽逃出资罪（《刑法》第159条）的共同犯罪，最高面临以下刑事处罚：5年以下有期徒刑或者拘役，并处或者单处抽逃出资金额2%以上10%以下罚金。

【履职指南】

1. 董事应拒绝与股东合谋以帮助其抽逃出资。

2. 董事应勤阅财务报表，特别关注同一或相邻时间段内等额资金的进出，关注流出资金对应交易的交易真实性（如买卖情形下是否有交货记录），关注股东的长期大额挂账并催促归还。

3. 董事对怀疑为虚假交易的行为应要求当事股东补充交易证据以鉴真伪，必要时应拒绝审批相应的资金支付。

4. 董事应及时聘请审计机构和专业律师就可疑资金输出事宜出具专业意见等。

5. 董事应督促股东向公司返还已经抽逃的出资。

【重要问题与分析】

问题：

董事可能构成抽逃出资犯罪吗？

分析：

董事可能与相关股东构成抽逃出资犯罪的共犯。

首先，根据《最高人民检察院、公安部关于公安机关管辖的刑事案件立案追诉标准的规定（二）》第 4 条第 2 款的规定，抽逃出资罪只适用于依法实行注册资本实缴登记制的公司。也就是说，凡是实行注册资本认缴制的公司（无论认缴期为 5 年还是少于 5 年），其股东均不存在构成抽逃出资罪的可能。

其次，即便对于实行注册资本实缴制的公司，由于《公司法》规定抽逃出资罪行为的主体是发起人或股东，董事单独不能构成抽逃出资罪的主体。但如果董事在股东抽逃出资的过程中与股东合谋或给予配合协助，则构成共同故意；或者董事明知股东抽逃出资而违反忠实义务不提醒公司及时采取措施或不予以制止，则构成重大渎职。此两种情形分别构成违反忠实义务和违反勤勉义务，应对股东抽逃出资行为给公司或债权人造成的损失承担连带赔偿责任。情节严重的，构成抽逃出资罪的共同犯罪，并据此承担相应的刑事责任。

二十一、董事持股申报及转股限制

【适用场景】

1. 规制对象为股份有限公司的董事。
2. 董事取得公司股份或所持股份变化后。
3. 董事拟转让所持公司股份时。
4. 董事离任后半年内拟转让股份时。

【履职行为描述】

股份有限公司的董事应按照法律和公司章程的规定定期向公司报告其所持公司股份的情况，或在所持公司股份变化时及时向公司临时报告其持股变化情况；严格遵守公司股票在证券交易所上市交易（IPO）1 年内及离职后半年内不得转让所持公司股份以及任职期限内每年转让股份不超过其所持股份总额的 1/4 的规定。

【法律责任/法律后果】

股份有限公司的董事违反法律行政法规或公司章程的规定，不对其持股数量及其变化进行申报，或在限制期限内转让股份，或转让股份超过限额的，相关董事可能承担如下法律责任：

1. 民事责任

（1）被认定为违反忠实义务或勤勉义务；

（2）相关转让行为无效或不产生股权转移/交付的法律效力。

2. 刑事责任

如果公司为上市公司且拒绝或不及时披露董事的持股及持股变化事项，公司可能构成违规披露、不披露重要信息罪（《刑法》第 161 条），作为公司主要负责人的法定代表人（董事长/董事/经理）和直接负责相关信息披露的董事或高管，也应对单位犯罪承担刑事责任，最高面临“五年以上十年以下有期徒刑，并处罚金”的刑事处罚。

【履职指南】

1. 如果董事兼任公司上市前股东，那么相应董事所持有的公司公开发行股份前已发行的股份，自公司股票在证券交易所上市交易 IPO 之日起 1 年内不得转让。法律、行政法规或者国务院证券监督管理机构对上市公司的股东、实际控制人转让其所持有的本公司股份另有规定的，按该规定执行。

2. 董事应主动向公司申报所持有的本公司的股份及其变动情况，在就任时确定的任职期间每年转让的股份不得超过他/她所持有本公司股份总数的25%；所持本公司股份（无论相关股份来自公司 IPO 前已发行的股份还是 IPO 后所新增的股份）自 IPO 之日起 1 年内不得转让。

3. 董事离职后半年内，不得转让他/她所持有的本公司股份。

4. 公司章程对董事转让其所持有的本公司股份作出其他限制性规定的，按该规定执行。

【重要问题与分析】

问题一：

有限责任公司的董事需要申报持股及持股变化吗？有限责任公司的董事转让股份应否受到限售规制？

分析：

除非公司章程另有规定，有限责任公司的董事不需要申报他/她持股数额及持股变化情况。有限责任公司的股权流通并不像股份有限公司那样简便通畅，从而不会对公司股票价值产生较大波动，法律和监管层无须对有限责任公司董事的持股数额及其变化进行干预和规制。

同时，除非公司章程另有规定，有限责任公司的董事转让股份不应受到限售规制。

问题二：

限制期内转让股权的行为是导致合同无效还是不产生交付效力？

分析：

限制期内转让股权的行为，如果转让时标的股权并非上市公司股票，那么相关股权转让合同虽仍有效，但将导致标的股权/股份不能产生合法交付的效果，受让方不能取得标的股权/股份。如果转让时标的股权已经成为上市公司股票，那么股权转让合同将因其损害正常的证券市场秩序而归于无效。

1. 标的股权尚未成为上市公司股票前的转让

最高人民法院在（2020）最高法民终422号民事判决书中“本院认为”部分阐述：“根据《中华人民共和国公司法》第一百四十一条第一款的规定，发起人持有的本公司股份，自公司成立之日起一年内不得转让。法律之所以作出这样的规定，原因在于，股份有限公司是由发起人作为倡导者设立的，公司的设立宗旨、经营范围、经营方式等一般也都由发起人确定。在公司设立后的一定时间内，发起人应当作为股东留在公司，以保证公司的稳定和运营的连续性。如果允许发起人在公司成立后很短的时间内就进行股份转让，可能会出现发起人不适当地转移投资风险，甚至以设立公司的名义非法集资或者炒作股票营利。在法律已经明确规定不得为某种行为的情况下，为该种行为，最终导致的后果应当由行为人自己承担。……致远公司是民乐农商行、临泽农商行的发起人股东，虽然兰州农商行、致远公司、民乐农商行就致远公司持有的民乐农商行股权转让给兰州农商行事宜签订了股权转让协议，兰州农商行、致远公司就致远公司持有的临泽农商行股权转让给兰州农商行事宜签订了股权转让协议，兰州农商行支付了案涉两笔股权转让的对价，民乐农商行向兰州农商行颁发了股金证，但上述行为均发生在民乐农商行、临泽农商行作为股份有限公司设立一年之内，处于公司法规定的股份有限公司发起人股份的限制转让期间，在法定的股份转让限制期限届满前，不产生股权转让交付的法律效力。”

根据《民法典》关于合同效力的相关规定，结合上述判决可知，发起人、董监高等特定主体在限制期内签订股权转让合同转让其股权/股份的，股权转让合同本身并无任何导致合同无效的情形，只不过该合同在法律上不能履行，因为其履行将损害既有的经济交易规则和秩序，故不能产生当事人期望的法律后果，不能实现交付的目的。

2. 标的股权已经成为上市公司股票后的转让

限售期内转让上市公司股票的行为严重影响正常的证券市场秩序，可能导致股票价格的异常波动，损害广大投资者的合法权益，故而该股权转让行为将会被认定为违反法律的强制性规定而归于无效。

二十二、董事被禁止操控公司违法违规分配利润

【适用场景】

董事单独或与控股股东/实际控制人共同操纵公司违反法律法规和公司章程的规定分配公司利润时。

【履职行为描述】

董事不得独自控制公司或与控股股东/实际控制人共同操控公司违反法律法规和公司章程的规定，直接或间接变相地向股东分配公司利润。

【法律责任/法律后果】

董事违反法律行政法规或公司章程的规定，在弥补亏损、提取相应法定项目和依法缴纳企业所得税前，未经股东会决议擅自分配公司利润，或与控股股东/实际控制人及审计机构恶意串通违法分配公司利润的，应承担如下法律责任：

1. 民事责任

（1）股东应当将违反规定分配的利润退还公司；

（2）如果给公司造成损失，股东及上述相应董事应当承担赔偿责任。

2. 刑事责任

相关董事可能单独或与控股股东/实际控制人等共同构成挪用资金罪（《刑法》第272条），最高面临“七年以上有期徒刑”的刑事处罚。

【履职指南】

1. 董事应当知道和遵守公司利润分配顺序：公司税后利润—弥补以前年度亏损—提取法定公积金—（如果公司章程有此规定）提取任意公积金—按

股东会决议方案分配剩余税后利润。

2. 董事应以书面方式反对董事会审议的税前利润分配方案，并督促董事会将其书面反对意见记录在案。

3. 董事应坚持无股东会决议时不分配利润。

4. 董事应聘请审计机构对公司财务状况进行审计，并以审计结论为基础制订利润分配方案报股东会审批后执行，并履行相应代扣代缴法定义务等，拒绝没有审计报告为基础的利润分配行为。

5. 董事应拒绝与控股股东/实际控制人和审计机构恶意串通、分工合作共同实施违法分配利润行为。

6. 董事应聘请专业律师对利润分配合法性发表法律意见备存。

【重要问题与分析】

问题：

如何识别违法违规利润分配?

分析：

董事作为公司的决策者和管理者，应确保严格按照法律规定在清偿债务、支付职工工资及社保费用、缴纳税款、弥补亏损、提取法定公积金、提取任意公积金（如果公司章程有此规定）后，对于剩余的可分配利润，才可用于向股东分配。

任何形式的违规利润分配，都会不当减损公司财产和损害公司及债权人的合法利益。

从职责范围讲，董事会只是利润分配方案的制订者，最终分配方案尚需股东会审批通过后，才交由董事和经理层具体执行分配资金等。也就是说，董事一般不可能独自实施违法违规的分红行为，除非董事伪造相关利润分配决议。

鉴于利润分配方案必须经股东会审批方为有效，故即便违法违规的利润分配行为也一般在形式上经过了股东会决议，只不过该股东会决议可能是控股股东或实际控制人操控的结果。

由此看来，董事进行违法违规利润分配，除非是董事独自伪造利润分配决议后操控公司违法违规分配资金，否则必须是作为控股股东或实际控制人的共同行为人，才能共同完成违法违规利润分配。

对违法违规利润分配的识别，不仅可从法律规定和公司章程规定的利润分配前的程序性事项方面去考察（如程序性事项是否已经完全完成），还可以考察股东会的利润分配决议是否合法有效或者是否受不正当操控而作出。最后，还可以借助法律专业人士出具利润分配合法性法律意见的方式去确定。

董事只有严格根据法律规定的条件和程序去实施利润分配，同时借助法律专家的分析判断去确认利润分配合法性，才能更安全地履职，避免违反忠实义务或勤勉义务。

二十三、董事被禁止操控公司违法违规减资

【适用场景】

董事意图单独或与控股股东/实际控制人共同操控公司减少注册资本时。

【履职行为描述】

董事不得独自控制公司或与控股股东/实际控制人共同操控公司违反法律法规和公司章程规定进行减资，更不得通过违法违规减资将公司资金分配给股东。

【法律责任/法律后果】

董事违反法律行政法规或公司章程的规定，未通知和公告债权人、未按债权人要求由公司提前偿债或提供担保、单独伪造股东会减资决议或与控股股东/实际控制人共同操控公司股东会形成减资决议，恶意向股东分配资金的，相关董事和股东应当承担如下法律责任：

1. 民事责任

（1）股东应当退还其收到的资金，被减免股东出资的应当恢复原状；不能退还或不能恢复原状的，相应董事应承担连带赔偿责任；

（2）给公司造成损失的，股东及有前述情形的董事应当承担赔偿责任。

2. 刑事责任

相关董事可能构成抽逃出资罪（《刑法》第159条）的共同犯罪，最高面临“五年以下有期徒刑或者拘役，并处或者单处虚假出资金额或者抽逃出资金额百分之二以上百分之十以下罚金”的刑事处罚；或挪用资金罪（《刑法》第272条），最高面临“七年以上有期徒刑”的刑事处罚。

【履职指南】

1. 董事应严格遵守法定减资程序，落实通知债权人的义务，特别是针对已知的债权人和重大金额的债权人。

2. 董事应监督并及时制止控股股东/实际控制人操控下的违法违规减资行为，拒绝为控股股东/实际控制人操控下的违法违规减资行为提供协助。

3. 董事应聘请专业律师对减资合法性发表法律意见备存。

【重要问题与分析】

问题：

如何识别违法违规减资？

分析：

董事作为公司的决策者和管理者，应确保严格按照法律规定的程序，在履行股东会特别决议、通知和公告债权人、按债权人要求提供偿债担保等程序后，才能依法实施减资。

任何形式的违规减资，都会不当减损公司的偿债财产，特别是损害债权人的合法利益。

对违规减资的识别，不仅可从法律规定和公司章程规定的减资前的程序性事项方面去考察（如程序性事项是否已经完全完成），而且可以借助法律专业人士出具减资合法性法律意见的方式去确定。

董事只有严格根据法律规定的条件和程序去实施减资，同时借助法律专家的分析判断去确认减资合法性，才能更安全地履职，避免违反忠实义务或勤勉义务。

二十四、董事合法合规履职

【适用场景】

公司董事履行经营管理公司的职务行为以及履行董事会表决职务的全过程、全环节。

【履职行为描述】

董事应按照法律和公司章程的规定履行其经营管理公司和参与董事会表决等职务。

【法律责任/法律后果】

1. 董事执行职务违反法律行政法规或公司章程的规定，给公司造成损失的，应当承担赔偿责任。

2. 董事因故意或重大过失履行职务造成他人损害的，应当与公司一起连带承担损害赔偿责任。

【履职指南】

1. 董事履行职务时应严格遵守法律行政法规、监管机构监管规则和公司章程的规定，包括实体性规定和程序性规定。

2. 董事应特别注意在公司董事会授权范围内或公司章程等公司规章制度所确定的职责范围内对外履行职务，不得超越授权范围或职责范围擅自以公司名义行事。

3. 董事履职时应首先避免或谨慎实施《公司法》第 181 ~ 184 条明确禁止或限制的行为；在因自身专业或经验见识所限而无法准确识别合法与否时，应及时寻求专业律师的帮助，最终以不损害国家、社会、他人以及公司合法权益为目标履行职务。

【重要问题与分析】

问题：

合法合规的范围如何确定？

分析：

合法合规履职是一个范围很宽的概念，不仅涉及《公司法》，还涉及《刑法》、行政法规、部门规章以及监管机构的监管指引；不仅包括实体法还包括程序法。

为了防止董事因知识能力局限而过失地违反合法合规要求，董事除应严格在公司授权范围或公司章程规定的职责范围内履行职务外，对于其对外履职时可能损害相对方合法权益的不确定事项，还应寻求法律专业人士的帮助，为其识别和防范法律风险。

二十五、董事及时组建清算组

【适用场景】

公司因任何原因解散或被市场监管部门命令撤销或被主管部门命令终止时。

【履职行为描述】

董事在公司解散/撤销/终止后应及时组建清算组以清算公司。

【法律责任/法律后果】

1. 对公司的法律后果

董事在公司解散/撤销/终止后未及时成立清算组以履行清算义务，或组建清算组后不进行清算，公司可能被利害关系人申请人民法院强制清算。

2. 董事的法律责任

董事在公司解散/撤销/终止后未及时成立清算组以履行清算义务，或组建清算组后不进行清算，董事在未组建清算组的情况下不经清算恶意处置公司资产，或制作虚假清算报告骗取注销导致无法清算，或在公司被吊销营业执照、责令关闭或者被撤销情况下满 3 年未向公司登记机关申请注销公司而被强制注销的，应当承担如下法律责任：

（1）民事责任

上述情形如果给公司或者债权人造成损失的，董事应当承担赔偿责任。

（2）刑事责任

①可能构成妨害清算罪

董事在公司进行清算时，如果隐匿财产，对资产负债表或者财产清单做虚伪记载或者在未清偿债务前分配公司财产，将可能构成妨害清算罪（《刑法》第 162 条），最高面临“五年以下有期徒刑或者拘役，并处或者单处二万元以上二十万元以下罚金”的刑事处罚。

②可能构成隐匿、故意销毁会计凭证、会计帐簿、财务会计报告罪

董事如果隐匿或者故意销毁依法应当保存的会计凭证、会计帐簿、财务会计报告，将可能构成隐匿、故意销毁会计凭证、会计帐簿、财务会计报告罪（《刑法》第 162 条之一），最高面临“五年以下有期徒刑或者拘役，并处或者单处二万元以上二十万元以下罚金”的刑事处罚。

③可能构成虚假破产罪

董事如果通过隐匿财产、承担虚构的债务或者以其他方法转移、处分财产，实施虚假破产，将可能构成虚假破产罪（《刑法》第 162 条之二），最高

面临“五年以下有期徒刑或者拘役，并处或者单处二万元以上二十万元以下罚金”的刑事处罚。

【履职指南】

1. 任何一位董事要向董事会其他董事书面要求由全体董事及时（15 日内）共同组建清算组，根据清算组过半数的多数董事意见制定清算组议事制度和工作规则。

2. 董事要向董事会常设机构或人员（如董事长/董事会授权董事）书面提请董事会紧急召集股东会，并将清算组成员名单、清算组议事制度和工作规则及时提交股东会表决，根据股东会决议维持并通过或调整后通过清算组成员名单以及清算组议事制度和工作规则。

3. 董事在看守公司期间，应注意保守公司资产和账册等。

【重要问题与分析】

问题：

清算组如何组建？清算组成员名单如何确定？董事在组建清算组过程中的法律责任如何？

分析：

《公司法》仅原则性规定由董事组建清算组，但并未明确规定清算组如何组建，如何运作，致使实务操作中存在空白。

《公司法》第232条第2款规定，清算组由董事组成，但是公司章程另有规定或者股东会决议另选他人的除外，清算组一般应自动由全体董事组成，而无须重新由股东会选举/委派（含职工代表大会选举职工董事）产生；但如果公司章程另有规定或股东会另有决议的，仍应尊重股东会对清算组成员的决定权。

至于清算组的议事规范，由于清算组是公司终止状态下股东会下设的专司清算分配的执行机构，其地位为大部分替代董事会职能（除召集股东会职能外）的特别执行机构，仍是一个由多人组成的会议机构，仍需要有自己的议事制度和工作规则，以便集合多数清算组成员的意见成为清算组的意见，并以清算组的名义作出决定或制订清算分配方案以供执行等。

因此，除非公司章程另有规定或股东会另有决议外，清算组的议事制度和工作规则仍应以过半数的清算组成员的意见为准，并经股东会决议批准后成为指导清算期间公司清算的正式文件。

因此，董事有义务主动组建清算组，也有义务提请董事会将拟确定的清算组成员名单和议事规则提交股东会决议通过，或根据股东会决议进行调整后作为最终生效的公司文件予以执行。

董事怠于履行相应义务，将被认定为违反忠实义务，可能需要对公司或债权人损失承担赔偿责任。

二十六、董事清算及注销公司

【适用场景】

董事在公司解散/撤销/终止后自动成为清算组成员后至公司注销期间。

【履职行为描述】

董事应作为清算组成员对公司进行清算并于清算完毕申请注销公司。

【法律责任/法律后果】

1. 董事对公司的赔偿责任

董事作为清算组成员不履行清算组职责、怠于及时通知债权人申报债权、不按经股东会或人民法院确认的清算方案分配公司剩余财产等怠于履行清算职责，给公司造成损失的，应当承担赔偿责任。

2. 董事对债权人的赔偿责任

董事履行清算职责时因故意或者重大过失给债权人造成损失的，应当承担赔偿责任。

【履职指南】

1. 作为清算组成员的董事应注意如下清算组职责：

（1）清理公司财产，分别编制资产负债表和财产清单；

（2）通知、公告债权人；

（3）处理与清算有关的公司未了结的业务；

（4）清缴所欠税款以及清算过程中产生的税款；

（5）清理债权、债务；

（6）分配公司清偿债务后的剩余财产；

（7）代表公司参与民事诉讼活动。

2. 清算组应于成立后 10 日内通知债权人，并于 60 日内公告，通知债权人申报债权。

3. 清算组应清理公司财产、编制资产负债表和财产清单。

4. 清算组应制订清算方案，并报股东会（自行清算）或者人民法院（强制清算）确认后执行分配；或者在发现公司财产不足清偿债务时，向人民法院申请破产清算。

5. 清算组在清算结束后应制作清算报告，报股东会或者人民法院确认，并报送公司登记机关申请注销公司登记。

【重要问题与分析】

问题：

清算责任与组建清算组责任有何区别？

分析：

董事一般是当然的清算组成员，但高管有时也会因股东会的决议而成为清算组成员。

董事首先必须履行组建清算组的法律义务，如果董事不组建清算组而直接虚假清算或注销公司，董事会全体董事应承担未组建清算组进行清算的法律责任。

但是，当清算组成员名单得到股东会确认后，清算组正式成立，此时，作为清算组成员的董事，应当依照法律或章程规定对公司资产和债务进行清算、分配和办理注销。如果董事在进行清算时，不按法律规定的程序和规则进行清算，或者清算后未按法律规定分配财产和在清偿债务前擅自注销公司，则可能被视为违反忠实义务或勤勉义务或被视为怠于履行清算职责从而给公司造成损失，需要分不同过错情形对公司或债权人承担相应的赔偿责任。

二十七、董事对公司的忠实义务和勤勉义务

【适用场景】

董事履行公司职务的全过程和全环节。

【履职行为描述】

董事在履行公司职务的任何环节，都必须以公司利益为自己的唯一利益并秉持为公司利益最大化的目的而履行职务，不得低于管理者通常应有的合理注意。

【法律责任/法律后果】

董事违反忠实义务和/或勤勉义务，可能承担如下法律责任：

1. 董事的违法违规所得归公司所有；

2. 如果因此给公司造成损失的，还应赔偿公司的损失；

3. 如果因此违反相关行政法律或法规的，还应承担被责令改正、警告、没收违法所得和罚款等行政处罚责任；

4. 如果因此而触犯刑法的，还应承担刑事责任，具体罪名及刑事责任需根据违反忠实义务或勤勉义务的具体行为按《刑法》的规定分别予以确定。

【履职指南】

1. 忠实义务的核心要求为董事应采取措施避免自身利益与公司利益冲突，一旦当公司利益与董事利益冲突，应以公司利益为重。强调董事应消极地不得为。具体要求董事不得利用职权牟取不正当利益，不得有下列行为：

（1）侵占公司财产、挪用公司资金；

（2）私存公款；

（3）利用职权贿赂或者收受其他非法收入；

（4）接受他人与公司交易的佣金归为己有；

（5）擅自披露公司秘密；

（6）擅自直接或者间接自我交易；

（7）擅自谋取属于公司的商业机会；

（8）擅自同业竞争。

2. 勤勉义务的核心要求为董事执行职务应当为公司的最大利益尽到管理者通常应有的合理注意，既应当积极不懈怠，尽其所能地进行工作；也要守法而不越权，谨慎而周到地处理公司事务，以争取公司利益最大化。强调积极地做到位但不越位。

3. 忠实和勤勉的判断标准。

（1）认定忠实的标准。

以董事是否具有与公司争夺利益（包括预期利益如商业机会）或损害公司利益的行为为判断标准。如果是，即构成违反忠实义务；如果不是，即不构成违反忠实义务。

具体可参考董事是否具有《公司法》第 181 ~ 184 条所述行为。

（2）认定勤勉的标准。

①认定勤勉的最低标准。

以董事的行为是否符合社会或同行业对同类行为所普遍认可的合理要求或程度为判断标准。如果是，则构成勤勉尽责；如果不是，则不构成勤勉尽责。

②认定勤勉的特别标准。

在具体案件中，如果有证据证明董事对于相关事项已经具有超过最低标准的认知且有做得更好的能力，或其已经认识到或注意到相关风险且有能力处理该等风险，但其仍以最低标准为依据行为（其本可以做到更好但却故意选择仅做到一般），则相应董事不构成勤勉。

4. 基于商业风险的经营管理决策免于被追责（商业判断原则免责）。

忠实义务和勤勉义务是《公司法》对董事、高管等课加的法定义务，但该义务不等同于要求董事、高管必须对其决策的项目或交易保证盈利或成功。董事只要是在合法合规的范围内进行决策，且其决策和执行是为了公司利益最大化的目的而尽到了善良管理人应当合理注意的谨慎义务，其对项目的最终商业成败就不负责任。

5. 风险防控措施。

（1）董事应推动公司将商业判断原则具体化后订入公司章程。

为了尽量减少董事因法律对勤勉义务的规定不具体不明确进而被轻易地指控不勤勉，董事应推动公司修订公司章程，将下列情形作为商业判断原则应当免责的具体条款订入公司章程，并推动章程通过股东会决议：

①董事根据财务会计报告合理谨慎地进行的商业决策或商业计划；

②董事根据业务数据合理谨慎地进行的商业决策或商业计划；

③董事根据市场变化情况合理谨慎地相应作出的商业决策或商业计划；

④董事根据自己的从业经验合理谨慎地独立作出的商业决策或商业计划；

⑤董事为了公司利益最大化，在权衡风险和利益后果的基础上，在确保风险不对公司造成致命危险时，冒险作出的商业决策或商业计划；

⑥董事根据审计机构确认财务数据/指标和/或律师确认待表决项目合法性结论，所作出的商业决策或商业计划。

（2）董事应推动公司修订公司章程以相应明确高管范围。

为了避免章程规定的高管以外的其他管理人员被利害关系人指认为高管，

致使相关管理人员被控违反忠实勤勉义务进而被主张赔偿责任，致使公司管理层人人自危而影响正常生产经营，董事应推动公司修订公司章程以相应明确高管范围。

（3）董事应推动公司完善和具体细化公司董监高的岗位职责范围。

为了避免因工作职责范围的不明确而对董事的履职行为是否越界或是否到位的定性不准从而被混淆地认定为不够勤勉尽责进而被主张赔偿责任，董事应推动公司完善和具体细化公司董事的岗位职责范围。

（4）董事应推动公司积极购买董事责任险，以分担董事履行职责过程中因非故意或非重大过错而应承担的赔偿责任。

【重要问题与分析】

问题：

司法实践中人民法院认定董监高勤勉义务的重要案例有哪些？相关案例有什么启示？

分析：

（一）司法实践中人民法院有关对董监高勤勉义务认定的重要案例

1. 案例一：北京煜森股权投资有限公司与刘某梅等损害公司利益责任纠纷上诉案［（2020）京民终696号］

北京市高级人民法院在（2020）京民终696号民事判决书中认为：董事、高级管理人员的忠实义务要求董事、高级管理人员在管理公司、经营业务、履行职责时，必须代表全体股东为公司最大利益而努力工作，当自身利益与公司利益发生冲突时，必须以公司利益为重，不得将自身利益置于公司利益之上。

董事、高级管理人员的勤勉义务要求行为人履行其职责时必须表现出一般审慎者处于相似位置时在类似情况下所表现出来的勤勉、注意和技能，同时，在从事公司经营管理活动时应当恪尽职守，尽到其所应具有的经营管理水平。因此，认定董事、高级管理人员是否违反勤勉义务应当以其职责范围来判断。

本案中，在判断李某纯、刘某梅是否违反忠实、勤勉义务时，应当审视其在职责范围内是否存在违反上述义务的行为，即其是否履行了职责。

对董事违反忠实、勤勉义务的判断的主观要件为董事在主观上是否存在重大过失。只要董事尽到了适当的注意义务，按照公司的日常运作模式发挥了管理作用，根据公司决策认真执行，法院不宜对公司的内部行为过多干涉。只有结合案件的具体情况，根据主客观相结合的标准进行衡量，在属于重大过失、过错的情形下，才能直接认定董事的行为构成违反忠实义务、勤勉义务。

2. 案例二：山东海之杰纺织有限公司、盖某损害公司利益责任纠纷再审案［（2020）最高法民申 640 号］

最高人民法院在（2020）最高法民申 640 号民事裁定书中认为，忠实义务是指公司高级管理人员应当忠实履行职责，其自身利益与公司利益发生冲突时，应当维护公司利益，不得利用高级管理人员的地位牺牲公司利益为自己或者第三人牟利。勤勉义务是指公司高级管理人员履行职责时，应当为公司的最佳利益，具有一个善良管理人的细心，尽一个普通谨慎之人的合理注意。从海之杰公司（该案再审申请人）的具体诉请和依据的事实看，其并未提供证据证明盖某（该案被申请人）在履行总经理职务期间存在获利情况，故其实际上针对的是盖某违反勤勉义务而非忠实义务。该院在裁定中进一步论述：从法律规定看，《公司法》仅原则性规定了公司高级管理人员的勤勉义务，并未规定违反勤勉义务的具体情形。综观公司法实践，勤勉义务所要求的尽一个普通谨慎之人在类似情况下应尽到的合理注意，是一个经过实践而被逐渐总结出来的标准。面对市场不断变化的商事交易实践，如果要求每一个经营判断都是正确的，会使公司高级管理人员过于小心谨慎，甚至裹足不前，延误交易机会，降低公司经营效率，最终不利于实现公司和股东权益。特别是在不涉及公司高级管理人员个人利益与公司利益冲突等可能违反忠实义务的情形中，公司高级管理人员依照法律和公司章程履行经营管理职责的行为，应受到法律的认可和保护。盖某作为海之杰公司的总经理，具有依照法律和公司章程主持公司生产经营管理工作的职权。从海之杰公司在原审中提交的《山东海之杰纺织有限公司章程》的具体内容看，海之杰公司赋予了总经理组织领导公司日常生产技术和经营管理工作的广泛职权。案涉交易中，包括海之杰公司与祥辉公司签订衬衫供货合同、与黄冈市金律纺织有限公司签订《产品采购合同》、在广州采购光坯布，均系盖某为开展公司日常经营而履行总经理职权的行为，并未超越海之杰公司章程规定的职责范围。原判决认定盖某未违反公司高级管理人员的忠实义务和勤勉义务，并无不当。

（二）相关案例启示

分析和考察上述具有代表性的司法裁判可知：

1. 人民法院对于忠实义务和勤勉义务的认定，应遵守主客观相结合的原则，不仅考察董事是否有违反职责的情形，还要考察其是否对违反职责的行为具有重大过错。只有结合案件的具体情况，根据主客观相结合的标准进行衡量，在属于重大过失、过错的情形下，才能直接认定董事的行为构成违反忠实义务、勤勉义务。

2. 人民法院对于勤勉义务的认定，不仅以董事作为董事会成员是否履行法律和公司章程规定的董事会职责范围为考察标准，而且还考察董事是否履行《公司法》对其课以的其他法定义务（如督促催缴股东出资、依法履行清算义务）。董事若未能履行法律所课以的董事会职责范围以外的其他法定义务，也构成以消极不作为的方式对勤勉义务的违反。

3. 人民法院认为不能以商业决策经营的正确与否为标准来考察董事是否勤勉，而是要注意兼容保护董事的自主决策经营权，人民法院认为不宜对公司的内部行为过多干涉。只要不存在董事与公司争利等可能违反忠实义务的情形，则应宽容和保护董事的依法履职的决策和经营管理行为。

上述人民法院对忠实义务、勤勉义务认定的裁判逻辑，不仅体现了人民法院对忠实义务、勤勉义务的认定标准所采取的主客观相结合的原则，也体现了对勤勉义务的认定标准以董事的全面义务或主要根本义务而非仅以其职责为参照的裁判思路，更体现了人民法院对商业决策经营行为保持适度容错的司法态度和持中审慎的裁判精神和趋势。

第二节　上市公司董事履职事项及特别指引

二十八、内部董事履职事项及特别指引

【适用场景】

上市公司的内部董事（或称执行事务董事，下同）在上市公司履行决策监督、经营管理职责和信息披露职责时。

【履职行为描述】

上市公司的内部董事对上市公司和全体股东（含公众投资者）负有忠实义务与勤勉义务，除了应按照《公司法》的相关规定决策、监督、经营管理公司外，还应特别根据《证券法》《上市公司信息披露管理办法》以及中国证监会规章、证券交易所业务规则以及上市公司章程的规定，真实、准确、完整地披露上市公司重大信息。

【内部董事职责】

1. 一般职责

履行本书表 1 所列第 2 ~ 27 项普通公司董事的义务和责任。

注：本书表 1 所列第 1 项“审查和催缴出资义务”一般不适用于上市公司的董事，因为无论是首次公开发行股份还是定向增发新股时，上市公司不

仅是已经实缴出资的股份有限公司，而且其所发行的股份对应股款依法均应已经缴足并完成验资，故不存在未实缴出资的情形，上市公司董事从而也无须审查股东是否欠缴出资并催缴。

2. 特别职责

（1）主动持续查悉公司生产经营情况、财务状况和重大事件及其影响

内部董事应当了解并持续关注公司生产经营情况、财务状况和公司已经发生的或者可能发生的重大事件及其影响，主动调查、获取决策所需要的资料。

（2）关联人员/关联关系申报及关联交易表决特别规定

内部董事应当及时向上市公司董事会报送上市公司关联人名单及关联关系的说明。

内部董事对于其关联方拟与上市公司进行的关联交易事项，应在董事会召开前向董事会书面报告并经董事会决议通过后方能实施。

涉及相关关联交易事项的董事会召开时，关联董事不得参与相应董事会会议，相应董事会会议由过半数的无关联关系董事出席即可举行，关联董事也不得参与相应议案表决，也不得代理其他董事行使表决权，相应决议须经无关联关系董事过半数通过。出席董事会会议的无关联关系董事人数不足 3 人的，应当将该事项提交上市公司股东会审议。

3. 及时、真实、准确、完整地进行信息披露

（1）内部董事应当对招股说明书、募集说明书和上市公告书、定期报告等文件签署书面确认意见，保证上市公司及时、公平地披露信息，所披露的信息真实、准确、完整。

（2）内部董事无法保证证券发行文件和定期报告内容的真实性、准确性、完整性或者有异议的，应当在书面确认意见中发表意见并陈述理由，上市公司应当披露。上市公司不予披露的，内部董事可以直接申请披露。

（3）内部董事应当关注信息披露文件的编制情况，保证定期报告、临时报告在规定期限内披露。

(4) 内部董事应与监事对公司信息披露的真实性、准确性、完整性、及时性、公平性负责，但有充分证据表明其已经履行勤勉尽责义务的除外。

(5) 董事长、经理、董事会秘书，应当对公司临时报告信息披露的真实性、准确性、完整性、及时性、公平性承担主要责任。

(6) 上市公司董事长、经理、财务负责人应对公司财务报告的真实性、准确性、完整性、及时性、公平性承担主要责任。

4. 及时报告并督促披露所知悉的重大事件

(1) 上市公司内部董事知悉重大事件发生时，应当按照公司规定立即履行报告义务。

(2) 董事长在接到报告后，应当立即向董事会报告，并敦促董事会秘书组织临时报告的披露工作。

5. 禁止限制期交易、超限额交易和短线交易

(1) 内部董事在公司 IPO 后 1 年内或离职半年内不得转让所持公司股份，其任职期内每年转让股份不得超过其所持公司股份总数的 1/4。

(2) 内部董事不得将其持有的该公司的股票或者其他具有股权性质的证券在买入后 6 个月内卖出，或者在卖出后 6 个月内又买入。

6. 禁止内幕交易

(1) 内部董事不得利用内幕信息从事证券交易活动；

(2) 在内幕信息公开前，不得买卖该公司的证券，或者泄露该信息，或者建议他人买卖该证券。

【法律责任/法律后果】

(一) 民事责任

1. 内部董事违反忠实勤勉义务的返还违法所得和损害赔偿责任

内部董事违反《公司法》项下忠实义务或勤勉义务或《公司法》规定的本书表 1 所列第 2 ~ 27 项具体法定义务的，应按本书有关普通公司董事责任相关指引承担返还违法所得和民事赔偿责任。

2. 内部董事违法披露信息对投资者的损害赔偿责任

内部董事应当与上市公司以及监事连带承担因未按照规定披露信息，或者信息披露资料存在虚假记载、误导性陈述或者重大遗漏，致使投资者在证券交易中遭受损失的赔偿责任，但是能够证明自己没有过错的除外。

3. 内部董事违法短线交易所得收益的返还责任

内部董事违法进行短线交易，由此所得收益归该公司所有，公司董事会应当收回其所得收益。公司董事会不依法执行收回工作的，负有召集和主持董事会职责的董事长/董事或董事会决议确定执行收回事务的董事依法承担连带责任。

4. 内部董事违法进行内幕交易或利用未公开信息进行交易对投资者的损害赔偿责任

内幕交易行为给投资者造成损失的，应当依法承担赔偿责任。

（1）请求权主体（受害人）的判断：一般是因违法行为人从事内幕交易而遭受损害的反向善意交易的投资者，也可以是因内幕交易而遭受损失的上市公司。

（2）因果关系及被告过错的认定：一般采取举证责任倒置，由被告证明其没有主观过错以及被告行为与原告的损害之间没有因果关系。

（二）行政责任

1. 违法进行短线交易或限制期内转让股份或超限额转让股份的行政责任

（1）内部董事将其持有的公司股票或者其他具有股权性质的证券在买入后6个月内卖出，或者在卖出后6个月内又买入，由中国证监会给予警告，并处以10万元以上100万元以下的罚款。

（2）内部董事违法在限制期内转让股份，或者超限额转让股份，由中国证监会责令改正，给予警告，没收违法所得，并处以买卖证券等值以下的罚款。

2. 违法进行信息披露的行政责任

内部董事违反信息披露义务的，中国证监会可以采取以下监管措施：

（1）责令改正；

（2）监管谈话；

（3）出具警示函；

（4）责令公开说明；

（5）责令定期报告；

（6）责令暂停或者终止并购重组活动；

（7）依法可以采取的其他监管措施。

上市公司在其公告的证券发行文件中隐瞒重要事实或者编造重大虚假内容，如果证券已经发行的，对直接负责的主管人员（如董事长）和其他直接责任人员（如董事会秘书），处以 100 万元以上 1000 万元以下的罚款。

3. 违法进行内幕交易或利用未公开信息进行交易的行政责任

证券交易内幕信息的知情人或者非法获取内幕信息的人违法从事内幕交易或利用未公开信息进行交易的，责令其依法处理非法持有的证券，没收违法所得，并处以违法所得 1 倍以上 10 倍以下的罚款；没有违法所得或者违法所得不足 10 万元的，处以 50 万元以上 500 万元以下的罚款。单位从事内幕交易的，还应当对直接负责的主管人员和其他直接责任人员给予警告，并处以 20 万元以上 200 万元以下的罚款。国务院证券监督管理机构工作人员从事内幕交易的，从重处罚。

4. 擅自改变募集资金用途的行政责任

上市公司违法擅自改变公开发行证券所募集资金的用途的，对直接负责的主管人员（董事长）和其他直接责任人员（如董事）给予警告，并处以 10 万元以上 100 万元以下的罚款。

（三）刑事责任

上市公司内部董事违反《公司法》《证券法》的规定，可能被追究相应刑事责任，具体罪名需根据《刑法》的具体规定予以确定，详见表 2。

表 2　上市公司内部董事可能涉及刑事犯罪

序号	上市公司内部董事可能涉及刑事犯罪罪名	最高刑事处罚
1	职务侵占罪	10 年以上有期徒刑或者无期徒刑，并处罚金
2	挪用资金罪	7 年以上有期徒刑
3	非国家工作人员受贿罪	10 年以上有期徒刑或者无期徒刑，并处罚金
4	对非国家工作人员行贿罪	3 年以上 10 年以下有期徒刑，并处罚金
5	非法经营同类营业罪	
6	为亲友非法牟利罪	
7	侵犯商业秘密罪	
8	徇私舞弊低价折股、出售公司、企业资产罪	3 年以上 7 年以下有期徒刑
9	内幕交易、泄露内幕信息罪	5 年以上 10 年以下有期徒刑，并处违法所得 1 倍以上 5 倍以下罚金
10	违规披露、不披露重要信息罪	5 年以上 10 年以下有期徒刑，并处罚金
11	背信损害上市公司利益罪	3 年以上 7 年以下有期徒刑，并处罚金
12	妨害清算罪	5 年以下有期徒刑或者拘役，并处或者单处 2 万元以上 20 万元以下罚金
13	隐匿、故意销毁会计凭证、会计帐簿、财务会计报告罪	
14	虚假破产罪	

【履职指南】

1. 上市公司内部董事，由于具体经营管理公司事务，对公司事务相较于独立董事而言具有更高的注意义务和更重的管理责任。

2. 上市公司内部董事对于中介机构（专业机构）出具的专业报告或专业意见，应在确保公司提供给专业机构的基础资料真实、完整、有效的基础上，对中介机构的专业报告或专业意见进行判断或表决。

3. 上市公司内部董事不仅要严格遵守《证券法》有关内部人行为规范和信息披露制度，而且还要特别注意遵守《公司法》有关董事的忠实义务、勤勉义务特别是关联交易以及变相关联交易禁止性规定。

4. 上市公司内部董事应遵守本书第一章第一节各篇所述普通公司董事的相应履职指南。

5. 上市公司内部董事还应特别重视不能实施本书附录2所列《刑法》涉及董事刑事责任的相关行为。

【重要问题与分析】

问题：

上市公司内部董事勤勉尽责的认定标准是什么？

分析：

人民法院判断内部董事是否尽到勤勉尽责义务的标准仍然是“是否为公司的最大利益而行事”以及“是否尽到管理者通常应有的合理注意”，但由于内部董事亲自经营管理公司事务，对反映公司事务情况的基础资料的真实性和全面性均有相对真实和深入的了解，自然也应对于公司事务或项目信息有更高的注意义务。这一更高的注意义务与内部董事“通常”的履职条件吻合。

内部董事通常情况下更能了解和接触公司的真实、全面的经营信息，故而内部董事在进行表决或发表意见时，对于中介机构的工作成果，首先，应核实中介机构选聘程序的合法合规性；其次，应审核公司交付给中介机构的重要基础资料是否真实全面；最后，对于中介机构的专业意见认为有瑕疵或问题的，应要求中介机构进一步说明解惑。同时，对于明知的与己有关的关联交易或隐秘关联交易事项，应检查相关报告中有无披露并督促披露。

参考案例：

1. 最高人民法院（2022）最高法民申99号民事裁定书

关于监事江某河的赔偿责任。江某河作为亨达股份监事，未提交充分证据证明其曾对亨达股份涉案信息披露事项实施过必要的有效的检查和监督，无法证明其对亨达股份所实施的虚假陈述没有过错。二审考虑到江某河并未参与本案所涉虚假陈述信息的制作，且本案亨达股份所实施虚假陈述行为具有隐蔽性，现有证据亦无法证明江某河在相关年报、半年报上签字前，亨达股份已将所实施虚假陈述行为的事实进行过告知，或其已知悉亨达股份存在虚假陈述行为；此外，相关会计机构已对亨达股份的财务报告出具无保留意见的审计结论，江某河在相关年度报告或半年度报告的审议表决中投赞成票，某种程度系基于对专业会计机构已出具无保留意见的信赖。故综合考量上述因素，二审法院酌定江某河对汇益公司的投资损失承担50%的连带赔偿责任，并无不当。

2. 上海市高级人民法院（2021）沪民终870号民事判决书

对于公司董事而言，根据董事是否在公司内部从事专职董事工作，可以区分为外部董事和内部董事。内部董事主要承担企业具体运营职责。可见，独立董事与内部董事的职责并不相同，故对于二者所应承担的责任也应有所区分。黄某、邱某成、朱某东系中安科公司的内部董事，其对于公司所负有的勤勉尽责义务标准理应高于独立董事。该3名董事当时分别担任中安科公司董事长、财务总监、总经理一职，应对交易对方及标的公司提供的相关资料尽到谨慎审核义务。现因中安科公司在重大资产重组中存在虚假陈述行为致使投资者遭受损失，黄某、邱某成、朱某东理应承担相应的民事责任。虽黄某对于置入资产的相关决议均回避表决，但其作为中安科公司的董事长，系公司的主要决策者，对于涉及公司经营等方面的事务负有直接责任。黄某在审议涉案重大资产重组事项中回避表决系由于其在重大资产重组所涉置出资产交易对方仪电电子公司任职，据此并不能成为免除其作为董事长所负有的谨慎注意义务的理由，故黄某提出其应免责的主张依法不能成立。对于该3名董事的赔偿责任范围，应结合其过错程度进行考量。首先，本案中，中安科公司披露的信息来源为其交易对方中恒汇志公司及标的公司中安消技术公司，黄某、邱某成、朱某东对该信息所负有的谨慎注意义务应与对中安科公司自身信息有所不同。黄某、邱某成、朱某东虽不具备审计和评估方面的专业知识，但其也并非普通人，其作为分别在公司担任董事长、总经理、财务总监的内部董事，理应对重组过程中需要披露的信息负有一定的注意义务。尤其是对于需要经过招投标程序才能实际付诸履行的“班班通”项目未予以持续关注，导致最终的股权价值严重虚增，该3名董事负有相应的责任。其次，虽本案所涉重组交易中除了有独立财务顾问、审计机构、评估机构等中介服务机构外，还有R公司对本次重大资产重组涉及的置入资产范围、预估交易价格以及交易结构等提供专业咨询意见，同时，就置入资产评估项目曾召开两次专家评审会议；但黄某、邱某成、朱某东作为内部董事，过分依赖专业中介服务机构，没有实施诸如实地调查或要求中介服务机构进一步查证相关在手合同实际履行情况等主动审查行为。鉴于此，黄某、邱某成、朱某东对于中安科公司违反信息披露义务，构成虚假陈述具有一定的过错，应酌情对彭某的损失在2%的范围内承担连带责任。

二十九、独立董事履职事项及特别指引

【适用场景】

独立董事（不在上市公司担任除董事外的其他职务，并与其所受聘的上市公司及其主要股东、实际控制人不存在直接或者间接利害关系，或者其他可能影响其进行独立客观判断关系的董事）在上市公司参与独立董事专门会议、董事会专门委员会和董事会等会议就特定重大事项进行审议和表决、就提名与薪酬考核事项向董事会提出建议以及就特定重大事项的董事会决议执行情况等向董事会报告时。

【履职行为描述】

独立董事对上市公司及全体股东负有忠实与勤勉义务，应按照法律、行政法规、中国证监会规章、证券交易所业务规则以及上市公司章程的规定独立参与相关会议的审议和表决、独立发表意见和建议及独立提交相关报告，不受上市公司及其主要股东、实际控制人等单位或者个人的影响，以维护上市公司整体利益，保护中小股东合法权益。

【独立董事的职责】

（一）一般职责

1. 履行本书表1所列除第1、2、6、8、13、14项以外的其他普通公司董事的义务和责任。

注：本书表1所列第1项义务（审查和催缴股东实缴出资）不适用于上市公司董事，自然也不适用于上市公司独立董事。理由详见本书第一章第二节“二十八、内部董事履职事项及特别指引”。

第2项义务（提请董事会召集并由董事长主持股东会）和第8项义务（董事长/董事召集和主持董事会），指向主持股东会和董事会这类管理性事务，应为执行事务董事的职责，并非独立董事的职责所在。

第6项义务（董事受命审查股东临时提案），涉及董事对股东提案资格、提案内容等进行审查的具体管理性事务，也应为执行事务董事的职责，并非独立董事的职责所在。

第13和14项义务（担任法定代表人的董事办理商事变更登记和披露董监高报酬），是针对担任法定代表人的董事的义务，不针对任何其他董事，更不针对独立董事。

由于上述义务一般仅为执行公司事务的董事的职责，上市公司独立董事主要履行对上市公司的财务监督及对内部董事和高管的职务行为监督①，一般不承担前述被排除的职责。

但由于独立董事主要通过参与董事会或独立董事专门会议等会议并表决的方式实施监督，故其仍需履行表1所列有关出席、列席相关会议并表决的义务，以及履行法律对董事的禁止性要求等义务；同时，对于公司清算环节董事的义务，没有任何规范性文件确定独立董事无须像执行事务董事那样履行组织清算和实施清算的义务。因此，本书认为独立董事仍须履行清算义务。

2. 对可能与上市公司存在潜在重大利益冲突事项进行监督。

对表3所列上市公司与其控股股东、实际控制人、董事、高级管理人员之间的潜在重大利益冲突事项，通过参与独立董事专门会议或上市公司董事会专门委员会进行审议表决或发表独立意见/建议的方式进行监督，促使董事会决策符合上市公司整体利益，保护中小股东合法权益。详见表3。

表3　上市公司潜在重大利益冲突事项

序号	上市公司潜在重大利益冲突事项	备注
1	关联交易	以法律或公司章程规定的范围为准
2	上市公司或相关方对已承诺方案的变更或者豁免	
3	被收购上市公司董事会针对收购所作出的决策及采取的措施	
4	披露财务会计报告及定期报告中的财务信息、内部控制评价报告	
5	聘用或者解聘承办上市公司审计业务的会计师事务所	
6	聘任或者解聘上市公司财务负责人	

① 赵旭东主编：《新公司法讲义》，法律出版社2024年版，第344页。

续表

序号	上市公司潜在重大利益冲突事项	备注
7	会计政策、会计估计变更或者重大会计差错更正	因会计准则变更导致的相关变更/更正除外
8	提名或者任免董事	
9	聘任或者解聘高级管理人员	
10	董事、高级管理人员的薪酬	
11	制订或者变更股权激励计划、员工持股计划，激励对象获授权益、行权条件成就	
12	董事、高级管理人员在拟分拆所属子公司安排持股计划	

3. 关联人员/关联关系申报及关联交易表决特别规定

独立董事对于关联人员、关联关系及关联交易的申报和表决事项，参见本书第一章第二节“二十八、内部董事履职事项及特别指引”之“关联人员/关联关系申报及关联交易表决特别规定”。

4. 审议和签署信息披露文件

独立董事对招股说明书、募集说明书和上市公告书、定期报告等文件签署书面确认意见，保证上市公司及时、公平地披露信息，所披露的信息真实、准确、完整。独立董事无法保证证券发行文件和定期报告内容的真实性、准确性、完整性或者有异议的，应当在书面确认意见中发表意见并陈述理由，上市公司应当披露。上市公司不予披露的，独立董事可以直接申请披露。

（二）特别职责

1. 独立聘请中介机构，对上市公司具体事项进行审计、咨询或者审查。

2. 向董事会提议召开临时股东会。

3. 提议召开董事会会议。

4. 依法公开向股东征集股东权利。

5. 对可能损害上市公司或者中小股东权益的事项发表独立意见。

（三）其他义务

独立董事虽然并非执行公司经营管理事务的人员，但其仍属于公司董事会成员，其除了对上市公司和全体股东仍负有忠实义务、勤勉义务从而应履行《公司法》项下适用于所有董事的义务（指本书表 1 所列除第 1、2、6、8、13、14 项以外的其他义务）外，还因其独立董事的身份额外承担如下专属法律义务：

1. 每年对独立性情况进行自查，并将自查情况提交董事会。

2. 原则上最多在 3 家境内上市公司担任独立董事，并应当确保有足够的时间和精力有效地履行独立董事的职责。

3. 每年在上市公司的现场工作时间应当不少于 15 日。

4. 应当向上市公司年度股东会提交年度述职报告。

5. 应当亲自出席董事会会议。因故不能亲自出席会议的，独立董事应当事先审阅会议材料，形成明确的意见，并书面委托其他独立董事代为出席。

6. 独立董事对董事会议案投反对票或者弃权票的，应当说明具体理由及依据、议案所涉事项的合法合规性、可能存在的风险，以及对上市公司和中小股东权益的影响等。

7. 独立董事辞职若导致董事会中独立董事所占的比例低于 1/3，或者导致审计委员会、提名委员会、薪酬与考核委员会中独立董事人数低于 1/2，或者独立董事中欠缺会计专业人士的，拟辞职的独立董事应当继续履行职责至新任独立董事到任之日，但上市公司应当自独立董事提出辞职之日起 60 日内完成补选。

8.《上市公司独立董事履职指引》规定的其他职责或义务。

【法律责任/法律后果】

（一）民事责任

独立董事违反《公司法》项下忠实义务或勤勉义务或《公司法》规定的

本书表 1 所列除第 1、2、6、8、13、14 项以外的具体法定义务的，应按本书有关普通公司董事责任相关指引承担返还违法所得和民事赔偿责任。

（二）行政责任

1. 独立董事违反《上市公司独立董事管理办法》的规定，可能被中国证监会采取责令改正、监管谈话、出具警示函、责令公开说明、责令定期报告等监管措施。

2. 独立董事违反《公司法》和《上市公司独立董事管理办法》的规定，可参考上市公司内部董事法律责任相关指引承担相应行政处罚责任。

（三）刑事责任

1. 独立董事可能犯内幕交易、泄露内幕信息罪

独立董事违反《公司法》和《上市公司独立董事管理办法》的规定，可能因其知悉证券交易内幕信息而触犯内幕交易、泄露内幕信息罪进而被追究相应刑事责任。

2. 独立董事较少涉嫌普通董监高可能涉及的对应刑事犯罪

由于独立董事一般不在上市公司中担任实际管理职位，仅具有监督职权，而相关刑事犯罪一般要求犯罪主体利用其职务便利，故独立董事较少涉嫌普通董监高可能涉及的刑事犯罪。

【履职指南】

1. 上市公司独立董事仍应参考本书第一章第一节除第 1、2、6、8、13、14 以外的其他各篇所述普通公司董事的相应履职指南。

2. 对独立董事勤勉尽责的认定标准。

（1）法定标准。

①独立董事对公司负有忠实义务，应当采取措施避免自身利益与公司利益冲突，不得利用职权牟取不正当利益。

②独立董事对公司负有勤勉义务，执行职务应当为公司的最大利益尽到

管理者通常应有的合理注意。

（2）具体参考标准。

独立董事能够证明其已履行基本职责，且存在下列情形之一的，可以认定其没有主观过错或认定其已做到勤勉尽责：

①在审议或者签署信息披露文件前，对不属于自身专业领域的相关具体问题，借助会计、法律等专门职业的帮助仍然未能发现问题的。

②对违法违规事项提出具体异议，明确记载于董事会、董事会专门委员会或者独立董事专门会议的会议记录中，并在董事会会议中投反对票或者弃权票的。

③上市公司或者相关方有意隐瞒，且没有迹象表明独立董事知悉或者能够发现违法违规线索的。

④因上市公司拒绝、阻碍独立董事履行职责，导致其无法对相关信息披露文件是否真实、准确、完整作出判断，并及时向中国证监会和证券交易所书面报告的。

⑤能够证明勤勉尽责的其他情形。

3. 判断独立董事承担法律责任时的考虑因素。

判断独立董事对于上市公司的违法违规行为应否担责以及担责大小的问题，应结合独立董事履行职责与相关违法违规行为之间的关联程度，兼顾其董事地位和外部身份特点，综合下列方面进行认定：

（1）在信息形成和相关决策过程中所起的作用。

（2）相关事项信息来源和内容、了解信息的途径。

（3）知情程度及知情后的态度。

（4）对相关异常情况的注意程度，为核验信息采取的措施。

（5）参加相关董事会及其专门委员会、独立董事专门会议的情况。

（6）专业背景或者行业背景。

（7）其他与相关违法违规行为关联的方面。

【重要问题与分析】

问题：

上市公司独立董事勤勉尽责的标准是什么？其勤勉尽责的边界和条件是什么？

分析：

前述关于勤勉尽责的认定标准以及承担法律责任的考量因素，虽然仅是中国证监会从行政处罚的角度对独立董事的具体参照要求，但对于认定独立董事在相关民事诉讼中的民事赔偿责任具有重要借鉴意义。

在司法裁判中，人民法院判断独立董事是否尽到勤勉尽责的标准仍然是“是否为公司的最大利益而行事”以及“是否尽到管理者通常应有的合理注意”。但根据权责相符的归责原则，独立董事与内部董事从客观条件上对于公司事务的注意义务不可能相同，故“通常应有的合理注意义务”也应不相同，司法显然不能强求外部独立董事对于上市公司事务有等同于内部董事的专注和熟悉程度，更不能强求外部独立董事在任何问题上都有甚至超过相应专业人士的认知，而是只要求外部独立董事尽到当时正常社会平均水平程度下，在给定的正常履职条件下，一个善良的管理者合理应该具有的注意义务。

回到独立董事的勤勉尽责的司法认定标准，其基础假设条件是：（1）上市公司向独立董事提供了真实、准确、完整的基础信息；（2）没有证据证明独立董事已经知道或有条件知道其赖以作出判断或给出意见的基础信息并不真实、准确、完整；（3）独立董事已尽自己所能或者在专业人士辅助下尽己所能，对于基础信息作出自己的独立分析判断并给出结论；在此基础上，一般应当认定独立董事已经尽到勤勉尽责义务，而不能强求独立董事对所有由公司给定的基础信息的真伪进行全面审查甚至去全面发掘公司可能隐瞒的信息等。

参考案例：

1. 最高人民法院（2022）最高法民申99号民事裁定书

关于独立董事刘某龙的赔偿责任。独立董事独立履行职责，不受公司主要股东、实际控制人或其他与公司存在利害关系的人的影响。本案中，独立董事刘某龙未积极采取必要、合理的方法对公司进行调查、监督，未就中介机构的财务审计报告等提出进一步沟通核实要求，以尽独立履行职责之勤勉义务，存在一定过错。二审考虑到独立董事不参与公司日常经营管理，不执行具体业务，其获取信息的主要渠道是公司管理层提供或者公司委托中介机构所做的审计报告，其不可能第一手获取公司的生产经营以及收入状况的信息，无法对公司财务数据的真实性作出直观判断，且刘某龙未参与本案所涉虚假陈述信息的制作，没有证据证明刘某龙在相关年报、半年报上签字时即知悉存在虚假陈述，以及刘某龙一定程度系基于对专业会计机构已出具无保留意见的信赖等多方面因素，酌定独立董事刘某龙在5%范围内承担连带赔偿责任，并无不当。

2. 上海市高级人民法院（2021）沪民终870号民事判决书

对于公司董事而言，根据董事是否在公司内部从事专职董事工作，可以区分为外部董事和内部董事。独立董事是指不在公司担任除董事以外的其他职务，并与其所受聘的公司及其主要股东不存在可能妨碍其进行独立客观判断关系的董事，独立董事属于外部董事。独立董事的作用主要在于确保战略决策的妥当性、合理性和强化公司的经营监督。内部董事则主要承担企业具体运营职责。可见，独立董事与内部董事的职责并不相同，故对于二者所应承担的责任也应有所区分。本案六名董事中，殷某良、常某、蒋某伟为独立董事，未在中安科公司任职。作为独立董事，殷某良、常某、蒋某伟并不参与公司的经营活动，仅是对公司的经营决策提供建议和监督，相对于内部董事而言，其对公司经营状况的了解程度更小。况且本案中需要其表决的是他人提供的第三方信息即重大资产重组所涉的标的公司中安消技术公司的经营状况。根据证监会的行政处罚决定，中安科公司虚假陈述主要涉及“班班通”项目、“智慧石拐”项目和“BT”项目等。而中安科公司、中安消技术公司已聘请专业中介服务机构对本次重大资产重组置入资产进行了审计和评估，但均未发现置入资产存在营业收入及评估值虚增的情形。对于殷某良、常某、蒋某伟这三名外部董事而言，其并非专业人士，要求其持续关注标的公司“班班通”项目的履行进程，并对与标的公司经营状况相关的资料进行审核，显然已超出独立董事的职责范围。故殷某良、常某、蒋某伟在本案中应予免责。

评语：

对比上海市高级人民法院（一审法院为上海金融法院）和最高人民法院的裁判逻辑，对于独立董事应否对中介机构的财务审计报告进行核实，以及独立董事应否对公司业务的实际情况保持持续关注的问题，上海金融法院和上海市高级人民法院的裁判观点更为务实，其基础在于独立董事并不以超越专业机构的专业判断为其履职要求，故其合理信赖专业机构如会计师事务所的审计报告并无可厚非；另由于独立董事并非内部董事，要求其对公司业务或项目经营状况保持持续关注并不现实，在上市公司已经承诺提供了充分真实有效的基础资料的情况下，除非该等资料具有明显的瑕疵，否则，独立董事在信赖相应基础资料的前提下作出的独立判断正是其履职的表现，不应受到苛责。

而最高人民法院的裁判观点认为，独立董事仍应就专业机构的审计报告进行审核，并应采取必要合理的方法对公司进行审查，但具体在该案中应当采取什么切实的必要合理的方法，该裁判并未述及；至于最后判决承担2%的连带赔偿责任，也只是基于酌定而作出的相应裁判，理由并不十分清晰。

综合而言，司法实践的裁判趋势越来越关注独立董事履职的现实条件，在此基础上才能确定独立董事的注意义务的边界。否则，脱离这一现实条件来对独立董事的履职行为进行规范和课以责任，并不能起到优化公司治理的效果。

第三节　国有公司董事履职事项及特别指引

三十、国有独资公司的内部董事履职事项及特别指引

【适用场景】

国有独资公司的内部董事履行职务的全环节和全流程。

【履职行为描述】

国有独资公司的内部董事对公司和履行出资人职责的机构负有忠实义务与勤勉义务，应按照《公司法》《企业国有资产法》《金融机构国有股权董事管理暂行办法》等法律法规和公司章程的规定，对公司进行运营管理决策和监督。

【国有独资公司董事职责】

（一）一般职责

国有独资公司的内部董事应履行本书表1所列第1～27项普通公司董事的义务和责任。

（二）特别职责

1. 禁止兼职

（1）国有独资公司的董事未经履行出资人职责的机构同意，不得在其他有限责任公司、股份有限公司或者其他经济组织兼职。

（2）董事未经履行出资人职责的机构同意，不得兼任经理。

2. 担任主要负责人的董事/董事长应接受任期经济责任审计

国有独资公司的董事长或董事若被登记为公司法定代表人而成为公司主

要负责人，应当接受依法进行的任期经济责任审计。

3. 不串通评估

国有独资公司的董事应当向资产评估机构如实提供有关情况和资料，不得与资产评估机构串通评估作价。

4. 回避关联交易

国有独资公司的董事，对于公司依法拟向其董监高或董监高的近亲属或相关董监高控制的企业转让国有资产时，应如实披露相关信息，且相关董监高不得参与转让方案的制订和组织实施的各项工作。

5. 国有独资金融机构的董事双忠实义务

国有独资金融机构的董事履行职务应体现履行出资人职责的机构的意志，对履行出资人职责的机构和所派往金融机构履行双向忠实义务和勤勉义务。

【法律责任/法律后果】

（一）民事责任

1. 国有独资公司的内部董事违反《公司法》项下忠实义务或勤勉义务或《公司法》规定的本书表1所列第1～27项具体法定义务的，应按本书有关普通公司董事责任相关指引承担返还违法所得和民事赔偿责任。

2. 擅自兼职时应返还违法所得并承担损失赔偿责任。

（1）国有独资公司的内部董事未经履行出资人职责的机构同意，在其他有限责任公司、股份有限公司或者其他经济组织兼职的，将被认定为违反忠实义务，其兼职所得应返还该国有独资公司。

（2）如果给国有独资公司造成损失的，还应承担损失赔偿责任。

3. 违规或恶意处置公司财产时应承担返还所得、赔偿损失和被免职的法律责任。

（1）国有独资公司的内部董事，在企业改制、财产转让等过程中，有下列行为，造成国有资产损失的，依法承担赔偿责任：①违反法律、行政法规和公平交易规则，将公司财产低价转让、低价折股；②违法与本公司进行自我交易；③不如实向资产评估机构、会计师事务所提供有关情况和资料，或者与资产评估机构、会计师事务所串通出具虚假资产评估报告、审计报告；④违反法律、行政法规和公司章程规定的决策程序，决定公司重大事项。

（2）相关董监高因前述行为取得的收入，依法予以追缴或者归国有独资公司所有。

（3）造成国有资产重大损失的，由国家出资机构依法予以免职或者提出免职建议。

4. 与对方恶意串通时交易无效。

国有独资公司的内部董事在涉及关联方交易、国有资产转让等交易活动中，与对方当事人恶意串通，损害国有资产权益的，该交易行为无效。

5. 任职禁止。

（1）国有独资公司的内部董事违法造成国有资产重大损失而被免职的，自免职之日起5年内不得担任国有独资公司、国有资本控股公司的董监高。

（2）造成国有资产特别重大损失，或者因贪污、贿赂、侵占财产、挪用财产或破坏社会主义市场经济秩序被判处刑罚的，终身不得担任国有独资公司、国有资本控股公司的董监高。

（二）刑事责任

国有独资公司内部董事违反《公司法》《企业国有资产法》的规定，可能被追究相应刑事责任，具体罪名及刑事责任需根据《刑法》的具体规定予以确定。详情请参考表4。

表4　国有独资公司和国有资本控股公司董监高可能涉及刑事犯罪

序号	国有独资公司和国有资本控股公司董监高可能涉及刑事犯罪罪名	最高刑事处罚
1	贪污罪	无期徒刑或者死刑，并处没收财产
2	受贿罪	

续表

序号	国有独资公司和国有资本控股公司董监高可能涉及刑事犯罪罪名	最高刑事处罚
3	行贿罪	10年以上有期徒刑或者无期徒刑，并处罚金或者没收财产
4	挪用公款罪	
5	非法经营同类营业罪	3年以上7年以下有期徒刑，并处罚金
6	为亲友非法牟利罪	
7	徇私舞弊低价折股、出售公司、企业资产罪	3年以上7年以下有期徒刑
8	国有公司、企业、事业单位人员失职罪	
9	国有公司、企业、事业单位人员滥用职权罪	
10	签订、履行合同失职被骗罪	
11	妨害清算罪	5年以下有期徒刑或者拘役，并处或者单处2万元以上20万元以下罚金
12	隐匿、故意销毁会计凭证、会计帐簿、财务会计报告罪	
13	虚假破产罪	

【履职指南】

1. 《公司法》第175条限制的是国有独资公司的董事，并不能自动扩大或延伸至相应国有独资公司的全资子公司，甚至二级、三级等国有全资公司的董事。

2. 国有独资公司的董事长未经履行出资人职责的机构同意不得兼任经理。国有独资公司的董事未经履行出资人职责的机构同意不得在任何其他经济组织兼职，但并不禁止国有独资金融机构的董事在该国有独资金融机构的重要子公司兼任董事，也不禁止国有独资公司的董事在非经济组织如慈善组织或事业单位中兼职。

3. 国有独资公司的董事被禁止兼任的职务，包括但不限于董事、其他高管、实际控制人，甚或顾问类职务。

4. 国有独资公司的董事长、副董事长都是由履行出资人职责的机构（派出机构，即代表国家的中央和地方政府的管理部门）从所委派的董事会成员中指定，并非由董事会选举产生。

5. 国有资本控股公司或国有资本参股公司以及非由履行出资人职责的机构作为出资人的其他含有国资成分的公司的董事，不受本条约束，但仍受限制同业竞争规定的约束。

6. 由履行出资人职责的机构出资设立的国有独资金融机构、国有控股/参股金融机构的董事，其履行职务时应体现派出机构的意志，对派出机构和所派往金融机构履行忠实义务和勤勉义务，而非仅对所任职金融机构负忠实义务和勤勉义务。

7. 国有独资公司的内部董事仍应参照本书第一章第一节所述普通公司董事的相应履职指南。

【重要问题与分析】

问题一：

是否所有国有公司的董事都不得在其他经济组织中兼职？

分析：

并非所有国有公司的董事都不得在其他经济组织中兼职，而是国有独资公司的董事未经履行出资人职责的机构同意不得在其他经济组织中兼职。

《公司法》仅限制所有公司的董事不得在与本公司经营同类业务的其他公司中任职，限制国有独资公司董事未经履行出资人职责的机构同意在任何其他经济组织（无论是否同业竞争）中兼职。

《公司法》第168条第2款将国有独资公司定义为由国家作为唯一出资股东而设立的公司，该法第169条第1款明确规定，“国家出资公司，由国务院或者地方人民政府分别代表国家依法履行出资人职责，享有出资人权益”。

由此可见，国有独资公司并不能简单地理解为公司全部资本为国有资本的公司，如国有全资公司就不是国有独资公司；且国有独资公司也不包括国有独资公司（一级国企）全资设立的二级甚至三级、四级子公司，后者在公司法意义上仅为普通有限责任公司或股份有限公司。准确地讲，国有独资公司是由国家层面的国务院（含其国资委）或地方层面的地方人民政府（含其国资委）代表国家出资设立的有限责任公司或股份有限公司。

因此，只有国家作为唯一出资人出资设立的国有独资公司的董事，其没有经过履行出资人职责的机构允许才不能在其他经济组织中兼职，其他如国有资本控股公司和国有资本参股公司甚至他们出资设立的全资子公司等具有国有资本成分的公司的董事，并不当然不能在其他经济组织中兼职。但同时，他们作为普通公司的董事，依法未经允许不能在与任职公司相竞争的公司中任职。

另外，对于国家出资的国有独资公司的董事的竞业限制范围所述的“其他经济组织”，也不能简单地理解为国家出资的国有独资公司以外的所有其他经济组织。如果按照这样理解，国家出资的国有独资公司的董事甚至在国有独资公司旗下的全资子公司或国有独资公司控股的集团成员公司内兼职时，也可能触犯本条禁令。

《金融机构国有股权董事管理暂行办法》第 4 条规定，根据国有金融资本穿透管理原则和工作需要，股权董事可在金融机构重点子公司董事会兼任董事。

据此，具有国家资本股东背景的金融机构，其董事依法可以在其重点子公司兼任董事。

但由于上述规定仅限于对具有国家资本股东背景的金融机构中国家股东任命或推荐的董事的任职规范，不及于非金融机构的其他国有独资公司，且其法律位阶仅为部门规章而非法律，在与《公司法》和《企业国有资产法》等法律相冲突时效力并不稳定可靠。为避免法律风险，非金融机构的其他国有独资公司的董事如需在本公司集团体系内兼职仍应取得履行出资人职责的机构同意，方为保险。

问题二：

具有国家资本股东背景的金融机构，其董事对派出机构和派往单位的双忠实义务和双勤勉义务可否兼顾?

分析：

当董事对派出机构和派往单位的双忠实义务和双勤勉义务在特定条件下无法兼顾时，董事应优先维护派往单位即所任职公司的利益。

《金融机构国有股权董事管理暂行办法》第 9 条规定，股权董事应当在法律、法规和有关操作指引的规范下，行使权利，履行义务，体现股东意志，对派出机构和所派往金融机构履行忠实义务和勤勉义务。

上述《金融机构国有股权董事管理暂行办法》要求金融机构董事对该金融机构和派出机构都要履行忠实义务和勤勉义务。

《公司法》第 180 条第 1 款规定：董事、监事、高级管理人员对公司负有忠实义务，应当采取措施避免自身利益与公司利益冲突，不得利用职权牟取不正当利益。

也就是说，忠实义务要求董事在面对个人利益与公司利益发生冲突时，应优先维护公司利益；但该条文并未规定董事的委派股东（或提名股东）的利益与公司利益相冲突时，应以谁的利益为先。

董事一旦接受公司委任（无论这种委任是基于股东委派还是股东会选举产生）担任公司董事，其就必须对公司负有忠实义务；而股东虽对董事有委派或推选之功，但依法应认定为股东是受公司委托而向公司委派或推选董事的。顺此推论，就董事的尽忠对象而言，首先应是公司或者全体股东，而不可能是某个股东或委派股东。

由此，董事在公司利益与委派股东的利益发生冲突时，应当优先维护公司利益。也就是说，当董事的双忠实义务和双勤勉义务在特定条件下无法兼顾时，董事应优先维护公司利益。

但这种情况下董事优先维护公司利益会被认定为对委派股东不忠实吗?

答案是不会。

《公司法》并没有规定董事要对推举或委派股东尽忠实义务，要求董事对推举或委派股东尽忠实义务没有法律依据。即便财政部的规范性文件《金融机构国有股权董事管理暂行办法》要求董事履行双向忠实义务，但由于该规范性文件属于部门规章，其法律效力相比《公司法》明显较低，当《金融机构国有股权董事管理暂行办法》对董事的忠实义务与《公司法》对董事的忠实义务无法兼顾或发生冲突时，应当优先适用《公司法》而优先维护公司利益，同时不得不忽略推举或委派股东的利益。因此，董事依法优先维护公司利益应当被认定为其履行法律义务的正当行为，不会被认定为对委派股东不忠实。

三十一、国有独资公司的外部董事履职事项及特别指引

【适用场景】

国有独资公司的外部董事履行职务的全环节和全流程。

外部董事分为专职外部董事和兼职外部董事。

专职外部董事，是指除在国有独资公司担任外部董事职务以外，不再就职于其他单位的人员。

兼职外部董事，是指除在国有独资公司担任外部董事职务以外，同时在其他单位任职的人员。

本书凡未特别说明的，均指专职外部董事。

【履职行为描述】

国有独资公司的外部董事对履行出资人职责的机构和任职公司负有忠实义务与勤勉义务，应按照《公司法》《企业国有资产法》《企业国有资产监督管理条例》以及当地国有独资公司外部董事管理办法等地方性法规和公司章程的规定，在涉及任职公司有关国有资本运作的战略决策、重大经营事项以及内部人经营管理行为等方面，对任职公司进行监督和管理。

【国有独资公司外部董事职责】[①]

（一）一般职责

国有独资公司的外部董事除应履行《公司法》关于普通公司董事应当履行的绝大部分职责（指本书表 1 所列除第 2、6、8、13、14 项以外的职责，理由详见本书第一章第二节“二十九、独立董事履职事项及特别指引”）以及遵守《企业国有资产法》关于董事的禁止性规定外，还应履行如下职责（注意：不同地区国有独资公司的外部董事职责因各地政府要求不同而略有不同，但一般均包括如下职责）：

1. 忠实履行职责，积极维护出资人和任职公司的合法权益。

2. 独立勤勉地表决：

（1）外部董事应勤勉工作，投入足够的时间和精力履行职责；

（2）外部董事应及时了解和掌握足够的任职公司经营运营情况，在深入研究、分析的基础上，独立、慎重地表决。

3. 参与任职公司有关国有资本运作的战略决策和有关重大经营事项的运行监控。

（1）参与任职公司的战略决策和运行监控，规避企业经营风险。

（2）及时如实向所派出的国资委报告任职公司关系国有资本运作的决策、经营等重大事项，依法维护出资人的知情权[②]。

4. 不介入所任职公司的具体经营业务。

5. 不得利用内幕信息或职权便利为自己或他人谋取除工作报酬外的非法利益。

（1）不得利用内幕信息或职权便利为自己或他人谋取利益。

---

① 本指引系参考《上海市管国有企业外部董事管理办法（试行）》《苏州市市属国有企业外部董事管理办法（试行）》《湖南省国资委监管企业外部董事管理暂行办法》综合而成，需注意不同地区对外部董事的履职可能略有不同。

② 上述“一般职责”4～7 和“特别职责”1 来自《苏州市市属国有企业外部董事管理办法（试行）》的规定。

（2）不得接受任职公司的馈赠、报酬、福利待遇。

（3）不得参加任职公司安排、组织或支付费用的与经营行为无关的活动。

（4）除按规定发给的工作报酬外，外部董事不得在任职公司和下属单位获取任何形式的其他收入或福利，包括报销应由本人负担的费用。

6. 对任职公司的保密义务。

（1）任职前应与任职公司签订保密协议，任职期间外部董事有义务严格履行保密协议。

（2）外部董事解聘后，继续对原任职公司的商业秘密负有保密义务。

（3）保密期限按外部董事与任职公司签订的保密协议执行。任职公司无特殊要求的，保密期限一般为离职后 3 年。

7. 公司章程规定的其他义务。

（二）特别职责

1. 对重大关键事项或潜在利益冲突事项以及涉及内部高层的薪酬和考核等事项发表特定独立意见

（1）依法参加任职公司董事会会议，对公司重大投资、关联交易、聘用或者解聘会计师事务所等事项进行审核并发表独立意见。

（2）就公司董事、经理人员的薪酬、考核事项及其认为可能损害国有资产权益的事项发表独立意见。

独立意见限于以下几类意见之一：同意；保留意见及其理由；反对意见及其理由；无法发表意见及其障碍。

2. 对任职公司内部董事、高管可能损害出资人或任职公司合法权益事项向派出单位汇报

就可能损害出资人或任职公司合法权益的情况，直接向受委派任职的国资委等履行出资人职责的机构报告。

3. 每年向派出单位提交书面履职报告

（1）每年须向履行出资人职责的机构（如国资委）书面报告本人履行职

责的详细情况，内容主要包括：①本人履行职责的简要情况；②参加董事会会议的主要情况，本人提出的保留、反对意见及其原因，无法发表意见的障碍；③主持或参与董事会专门委员会工作的情况；④加强任职公司改革发展与董事会建设的意见或建议。

（2）外部董事日常工作时，认为有必要向出资人报告的，可以书面或通讯方式向履行出资人职责的机构报告。

4. 担任兼职外部董事应取得兼职许可

担任兼职外部董事的，应取得其本人工作单位或上一级主管单位出具的同意其兼任外部董事的有效文件。

【法律责任/法律后果】

（一）民事责任

1. 国有独资公司的外部董事违反《公司法》项下忠实义务或勤勉义务或者违反《公司法》规定的本书表 1 所列除第 2、6、8、13、14 项以外的法定义务的，应按本书有关普通公司董事责任相关指引承担返还违法所得和民事赔偿责任。

2. 擅自兼职时返还违法所得和损失赔偿责任。

（1）国有独资公司的外部董事未经履行出资人职责的机构同意（其中兼职外部董事未经其本人工作单位或上一级主管单位出具同意其兼任外部董事的有效文件时），在其他有限责任公司、股份有限公司或者其他经济组织兼职的，可能被认定为违反忠实义务，其兼职所得应返还该国有独资公司。

（2）给国有独资公司造成损失的，还应承担损失赔偿责任。

3. 工作失职导致公司利益受损时的赔偿责任和任职禁止。

（1）国有独资公司的外部董事因工作失职导致公司利益受到损失的，应当按照有关法律、法规和公司章程的规定承担经济赔偿责任。

（2）后果严重的，终身不得再担任市管企业的外部董事。

4. 与内部董事和/或高管和/或中介机构共同违规或恶意处置公司财产时

承担返还所得、赔偿损失和被免职的法律责任。

（1）国有独资公司的外部董事，在企业改制、财产转让等过程中，存在下列行为，造成国有资产损失的，依法承担赔偿责任：①违反法律、行政法规和公平交易规则，与内部董事和/或高管共同将公司财产低价转让、低价折股；②违法与本公司进行自我交易；③不如实向资产评估机构、会计师事务所提供有关情况和资料，或者与资产评估机构、会计师事务所串通出具虚假资产评估报告、审计报告；④违反法律、行政法规和公司章程规定的决策程序，决定公司重大事项。

（2）相关外部董事因前述行为取得的收入，依法予以追缴或者归国有独资公司所有。

（3）造成国有资产重大损失的，除应承担赔偿责任外，还应由国家出资机构依法予以免职或者提出免职建议。

5. 配合或协助内部董事高管共同与对方当事人恶意串通，损害公司利益的交易行为无效。

国有独资公司的外部董事在涉及关联方交易、国有资产转让等交易活动中，配合或协助内部董事共同与对方当事人恶意串通，损害国有资产权益的，该交易行为无效。

6. 任职禁止。

（1）国有独资公司的外部董事违法造成国有资产重大损失而被免职的，自免职之日起5年内不得担任国有独资公司、国有资本控股公司的董监高。

（2）造成国有资产特别重大损失，或者因贪污、贿赂、侵占财产、挪用财产或者破坏社会主义市场经济秩序被判处刑罚的，终身不得担任国有独资公司、国有资本控股公司的董监高。

（二）刑事责任

国有独资公司外部董事违反《公司法》《企业国有资产法》的规定，可能被追究相应刑事责任，具体罪名及刑事责任需根据《刑法》的具体规定确定，见表4。

【履职指南】

1. 国有独资公司的外部董事，无论是专职董事还是兼职董事，都应该以更高的勤勉尽责要求进行工作。除遵守《公司法》有关忠实义务、勤勉义务的规定外，还应进一步遵守《企业国有资产法》《企业国有资产监督管理暂行条例》以及当地政府关于外部董事管理的地方性法规或规章的具体要求。

2. 兼职外部董事在拟任兼职董事前，应取得本人工作单位或上一级主管单位出具的同意其兼任外部董事的有效文件。

3. 国有独资公司的外部董事仍应参照本书第一章第一节除第“二、六、八、十三”和“十四”以外的其他各篇所述普通公司董事的相应履职指南。

【重要问题与分析】

无。

三十二、国有独资公司的职工董事履职事项及特别指引

【适用场景】

国有独资公司的职工董事履行职务的全环节和全流程。

【履职行为描述】

国有独资公司的职工董事对任职公司负有忠实义务与勤勉义务，应按照《公司法》《企业国有资产法》《企业国有资产监督管理暂行条例》《国有独资公司董事会试点企业职工董事管理办法（试行）》以及当地国有独资公司职工董事管理办法等法律法规、地方性法规和公司章程的规定，参与任职公司的运营和管理。

【国有独资公司职工董事职责】①

（一）一般职责

职工董事应遵守本书第一章第一节表1所列第1～27项普通公司董事的一般义务和责任。

（二）特别职责

1. 定期参加业务培训，提高履职能力。

定期参加公司所属国资委及其委托机构组织的有关业务培训，不断提高工作能力和知识水平。

2. 在涉及职工利益和公司生产经营的重大问题、制定重要的规章制度等民主管理事项的董事会表决时，应听取工会和职工意见后再发表意见。

（1）董事会研究决定公司重大问题，职工董事发表意见时要充分考虑出资人、公司和职工的利益关系。

（2）董事会研究决定涉及职工切身利益的问题时，职工董事应当事先听取公司工会和职工的意见，全面准确反映职工意见，维护职工的合法权益。

（3）董事会研究决定生产经营的重大问题、制定重要的规章制度时，职工董事应当听取公司工会和职工的意见和建议，并在董事会上予以反映。

3. 定期到职工中开展调研，听取职工的意见和建议。

4. 定期向职代会或职工大会报告本人履职情况。

每年向职代会或职工大会报告本人履职情况②，履职报告应当包括以下主要内容：（1）本人参加董事会会议的主要情况，特别是反映职工合理诉求、维护职工合法权益等方面的情况；（2）公司董事会就涉及职工利益事项的重大问题研究及决议情况。

5. 兼职禁止。

公司党委（党组）书记和未兼任工会主席的党委副书记、纪委书记（纪

① 本指引主要参考《国有独资公司董事会试点企业职工董事管理办法（试行）》。

② 本条源自《北京市国有独资公司职工董事管理暂行办法》。

检组组长）以及公司总经理、副总经理、总会计师不得担任公司职工董事。

【法律责任/法律后果】

（一）民事责任

1. 国有独资公司的职工董事违反《公司法》项下忠实义务或勤勉义务或《公司法》规定的本书表1所列第1～27项具体法定义务的，应按本书有关普通公司董事责任相关指引承担返还违法所得和民事赔偿责任。

2. 与内部董事和/或高管和/或中介机构共同违规或恶意处置公司财产时承担返还所得、赔偿损失和被免职的法律责任。

（1）国有独资公司的职工董事，在企业改制、财产转让等过程中，存在下列行为，造成国有资产损失的，依法承担赔偿责任：①违反法律、行政法规和公平交易规则，与内部董事共同将公司财产低价转让、低价折股；②违法与本公司进行自我交易；③不如实向资产评估机构、会计师事务所提供有关情况和资料，或者与资产评估机构、会计师事务所串通出具虚假资产评估报告、审计报告；④违反法律、行政法规和公司章程规定的决策程序，决定公司重大事项。

（2）相关职工董事因前述行为取得的收入，依法予以追缴或者归国有独资公司所有。

（3）造成国有资产重大损失的，还应承担赔偿责任。

3. 配合或协助内部董事、高管共同与对方当事人恶意串通，损害公司利益的交易行为无效。

国有独资公司的职工董事在涉及关联方交易、国有资产转让等交易活动中，配合或协助内部董事共同与对方当事人恶意串通，损害国有资产权益的，该交易行为无效。

（二）刑事责任

国有独资公司职工董事违反《公司法》《企业国有资产法》的规定，可能被追究相应刑事责任，具体罪名及刑事责任需根据《刑法》的具体规定确定，见表4。

【履职指南】

职工董事除应参照本书第一章第一节普通公司董事的相关履职指引外，还应根据本篇“特别职责”的要求履行董事职务。

【重要问题与分析】

无。

三十三、国有资本控股/参股公司的董事履职事项及特别指引

【适用场景】

履行出资人职责的机构控股持有的国有资本控股公司或参股持有的国有资本参股公司的董事履行董事职务全环节和全流程。

【履职行为描述】

国有资本控股公司和国有资本参股公司的董事对所任职公司除了应尽到普通公司董事对应的忠实义务与勤勉义务外，还应特别遵守《企业国有资产法》《金融机构国有股权董事管理暂行办法》等法律法规和公司章程规定的特别义务，运营和管理公司。

【国有资本控股公司和国有资本参股公司的董事职责】

（一）一般职责

履行本书表1所列第1～27项公司董事的一般义务和责任。

（二）特别职责

1. 国有资本控股公司的董事应特别遵守如下规定：

（1）担任主要负责人的董事长、董事或经理应当接受依法进行的任期经

济责任审计。

（2）未经公司股东会同意，公司董事长不得兼任经理。

（3）董事、监事、高级管理人员应当向资产评估机构如实提供有关情况和资料，不得与资产评估机构串通评估作价。

（4）拟由自己或自己的近亲属、自己控制的公司/企业受让国有资产的，相关董事应如实披露相关信息，且相关董事不得参与转让方案的制订和组织实施的各项工作。

2. 国有资本参股公司的董事除遵守上述“一般职责”外，还需另遵守上述“特别职责”中1.（4）项职责。

【法律责任/法律后果】

（一）民事责任

1. 国有资本控股公司和国有资本参股公司的董事违反《公司法》项下忠实义务或勤勉义务或《公司法》规定的本书表1所列第1～27项具体法定义务的，应按本书有关普通公司董事责任相关指引承担返还违法所得和民事赔偿责任。

2. 擅自兼职时返还违法所得和民事赔偿责任。

（1）国有资本控股公司和国有资本参股公司的董事未经公司股东会同意，在与任职公司经营同类业务的其他企业兼职，可能被认定为违反忠实义务，其兼职所得应返还该国有资本控股公司和国有资本参股公司。

（2）如果给国有资本控股公司和国有资本参股公司造成损失的，还应承担损失赔偿责任。

3. 自行或与中介机构共同违规或恶意处置公司财产时承担返还所得、赔偿损失和被免职的法律责任。

（1）国有资本控股公司和国有资本参股公司的董监高，在企业改制、财产转让等过程中，存在下列行为，凡造成国有资产损失的，应依法承担赔偿责任：①违法将公司财产低价转让、低价折股，或违法与本公司进行自我交易；②不如实向资产评估机构、会计师事务所提供有关情况和资料，或者与资产评估机构、会计师事务所串通出具虚假资产评估报告、审计报告；③违反法定和公司章程规定的决策程序决定公司重大事项。

（2）相关董监高因前述行为取得的收入，依法予以追缴或者归国有资本控股公司和国有资本参股公司所有。

（3）造成国有资产重大损失的，由国家出资机构依法予以免职或者提出免职建议。

4. 与对方当事人恶意串通，损害公司利益的交易行为无效。

国有资本控股公司和国有资本参股公司的董监高在涉及关联方交易、国有资产转让等交易活动中，与对方当事人恶意串通，损害国有资产权益的，该交易行为无效。

5. 任职禁止。

（1）国有资本控股公司的董事违法造成国有资产重大损失而被免职的，自免职之日起 5 年内不得担任国有独资公司、国有资本控股公司的董监高。

（2）造成国有资产特别重大损失，或者因贪污、贿赂、侵占财产、挪用财产或破坏社会主义市场经济秩序被判处刑罚的，终身不得担任国有独资公司、国有资本控股公司的董监高。

（二）刑事责任

国有资本控股公司和国有资本参股公司的董事违反《公司法》《企业国有资产法》的规定，实施了利用职权收受贿赂或者取得其他非法收入和不当利益，或侵占、挪用公司资产，或将企业财产低价转让、低价折股等不公允交易行为，损害公司利益的，可能被追究相应刑事责任。

具体罪名及刑事责任详情请参照本书第一章第三节“三十、国有独资公司的内部董事履职事项及特别指引”的“法律责任/法律后果”部分及表 4。

【履职指南】

1. 国有资本控股公司或国有资本参股公司的董事如果需要在经营同类业务的其他企业（也可能是国有资本控股公司或国有资本参股公司的兄弟公司或子公司等）兼职，必须取得公司股东会同意。

2. 其他非由履行出资人职责的机构作为出资人设立的含有国资成分的公司的董事，只有在其兼职机构与本公司构成同业竞争时，才需要本公司同意，且对于其兼职的同意权根据公司章程规定由股东会或董事会行使。

3. 国有资本控股公司或国有资本参股公司的董事仍应参照本书第一章第一节各篇所述普通公司董事的相应履职指南。

4. 国有资本控股公司或国有资本参股公司的职工董事履行职务时，可参照本书第一章第三节“三十二、国有独资公司的职工董事履职事项及特别指引”。

【重要问题与分析】

问题：

除国有独资公司外的国家出资公司或其子公司的董事，若被提名并经选举担任下属项目公司董事或高管时，相应董事或高管究竟应对提名的股东公司还是对在后任职的项目公司履行忠实义务？

分析：

董事被提名出任下属项目公司的董事或高管的，应优先对项目公司尽忠实义务，优先维护项目公司的利益。

除国有独资公司外的国家出资公司或其子公司的董事被提名并经选举担任下属项目公司董事或高管的情况下，若涉及股东公司和项目公司可能产生利益冲突的董事会表决，相应董事因其兼职董事的身份似乎确实存在利益冲突。

但是，除非股东公司与项目公司经营同类业务从而构成同业竞争，否则，法律并不禁止董事在不与其任职公司相竞争的其他公司担任董事或高管。更何况在上述问题中，董事担任下属项目公司的董事或高管是经股东公司提名的。也就是说，股东公司同意已在本公司任职董事的人士兼任下属项目公司的董事或高管。引申而言，股东公司此时应该认识到，当项目公司与股东公司在特定事项上可能发生利益冲突时，放弃或豁免对兼职董事履行忠实义务的权利主张。反之，项目公司并未通过行为或言辞向股东公司作出类似意思表示，应视为项目公司仍要求兼职董事或高管对其履行忠实义务。

因此，股东公司董事兼任项目公司的董事或高管的情形下，董事应优先对在后任职的项目公司尽忠实义务，优先维护项目公司的利益。

三十四、含国资成分公司的董事履职事项及特别指引

【适用场景】

不是由履行出资人职责的机构直接出资设立但含有国有资本成分的有限责任公司或股份有限公司（如国有独资公司/国有资本控股公司/国有资本参股公司等的全资子公司/孙公司或参股公司等，以下合称含国资成分公司）履行董事职务全环节和全流程。

【履职行为描述】

含国资成分公司的董事应像普通公司董事一样，秉持对公司的忠实义务与勤勉义务，以公司利益为自己的唯一利益并秉持为公司利益最大化的目的而履行职务，不得低于管理者通常应有的合理注意。

【含国资成分公司的董事职责】

含国资成分公司的董事应遵守本书表 1 所列第 1 ~ 27 项公司董事的一般义务和责任。

【法律责任/法律后果】

详情请参照本书第一章第一节各篇对应的“法律责任/法律后果”。

【履职指南】

详情请参照本书第一章第一节各篇对应的“履职指南”。

【重要问题与分析】

详情请参照本书第一章第一节各篇对应的“重要问题与分析”。

第二章　高管履职事项及指引

为了简洁概要地展现现行《公司法》规定的普通公司高管的各项履职行为，本书按履职内容与公司经营管理权之间的关联度将其进行分类，并呈现如表5，特殊类型公司高管的各项履职行为详见本章相应部分。

表5　高管履职事项

序号	履职事项	法律来源	备注
与股东会相关			
1	高管受命提供履职报告或文件资料	《公司法》第80条、第131条	适用于所有类型公司
2	高管受命纠正损害公司利益的行为	《公司法》第78条第3项、第131条	
3	高管受命列席股东会并接受股东质询	《公司法》第187条	
与董事会会议及表决相关			
4	经理列席董事会会议	《公司法》第74条第2款、第126条第2款	适用于所有类型公司
5	高管报批、表决和实施关联交易的特别义务	《公司法》第182条、第185条	
与经营管理相关			
6	担任法定代表人的高管向股东披露董监高从公司获得报酬的情况	《公司法》第129条	

续表

序号	履职事项	法律来源	备注
与经营管理相关			
7	担任法定代表人的高管办理股东名册变更和商事变更登记	《公司法》第 106 条	适用于所有类型公司
8	高管被限制操控公司资助他人取得本公司及其母公司股份	《公司法》第 163 条	
9	高管被限制谋取公司的商业机会	《公司法》第 183 条、第 185 条	
10	高管被限制同业竞争	《公司法》第 185 条，《刑法》第 165 条第 2 款	
11	高管被禁止不公允关联交易	《公司法》第 22 条，《刑法》第 166 条第 2 款、第 169 条第 2 款	
12	高管被禁止协助或放任股东抽逃出资	《公司法》第 53 条第 2 款、第 107 条	
13	高管持股申报及转让限制	《公司法》第 160 条第 2 款	仅限股份有限公司的高管
14	高管被禁止操控公司违规分配利润	《公司法》第 211 条	适用于所有类型公司
15	高管被禁止操控公司违规减资	《公司法》第 226 条	
16	高管合法合规履职	《公司法》第 188 条、第 191 条	
与清算注销相关			
17	高管清算及注销公司	《公司法》第 238 条、第 256 条	适用于所有类型公司

续表

序号	履职事项	法律来源	备注
核心义务			
18	高管对公司的忠实义务和勤勉义务	《公司法》第180条、第181条	适用于所有类型公司

注：本书所称高管，是对高级管理人员的简称，其范围包括总经理（总裁或CEO）、副总经理（副总裁或执行总裁等）、财务负责人、上市公司董事会秘书以及公司章程确定的高级管理人员。

第一节　普通公司高管履职事项及指引

一、高管受命提供履职报告或文件资料

【适用场景】

当监事会要求高管提供履职报告或文件资料时。

【履职行为描述】

高管应根据监事会的要求，提供记载高管在任职期间的工作内容或事项的书面履职报告，或根据监事会的要求提供相应文件资料。

【法律责任/法律后果】

高管拒绝或不按时向监事会提供履职报告或要求的文件资料，妨碍监事履行职务，可能承担如下法律责任：

1. 被监事会向董事会建议解任；

2. 被认定为没有尽到勤勉义务而被监事会或股东代表在相关诉讼中要求该高管对公司损失承担赔偿责任。

【履职指南】

1. 高管应按监事会的工作要求提供相应高管履职报告。

2. 高管应按监事会的工作要求提供相应经营管理文件、财务报告和账册凭证等文件或电子档文件以供监事查阅复制。

3. 高管应按章程规定及时核准报销监事/审计委员会委员因履行监事职务而产生的正常费用。

【重要问题与分析】

问题一：

股份有限公司的高管应否向审计委员会提交被要求的文件资料？

分析：

股份有限公司的高管应当向审计委员会提交被要求的文件资料。

详情请参照第一章第一节“三、董事受命提供履职报告或文件资料”。

问题二：

高管未按监事会或审计委员会要求提供履职报告或文件资料是否违反忠实义务或勤勉义务？

分析：

高管未按监事会或审计委员会要求提供履职报告或文件资料的行为不违反其忠实义务，但违反其勤勉义务。

详情请参照第一章第一节“三、董事受命提供履职报告或文件资料”。

二、高管受命纠正损害公司利益的行为

【适用场景】

高管的行为被监事会认为损害公司利益，且监事会提出纠正要求时。

【履职行为描述】

高管应根据监事会的要求，对其损害公司利益的行为予以纠正。

【法律责任/法律后果】

高管拒绝按照监事会的要求纠正或停止其损害公司利益的行为的，应按其被指控损害公司利益的具体行为确定其法律责任，可能承担以下法律责任：

1. 被监事会向董事会建议解任。

2. 被认定为未尽勤勉义务甚至损害公司利益而被监事会或股东代表提起相关诉讼并被要求对公司损失承担赔偿责任，或将非法收入返还给公司。

3. 可能需要承担相关的行政责任和刑事责任，具体行政责任和刑事责任需根据高管被指控损害公司利益的具体行为根据相应法律和《刑法》的具体规定来确定。

【履职指南】

1. 高管应按监事会的要求立即纠正其被指控损害公司利益的行为。

2. 高管如认为监事会要求其纠正的行为并不损害公司利益或并不存在不公允情形，除立即停止将给公司造成重大损失的以外，应暂停被指控行为，并向监事会书面说明相应行为不损害公司利益的理由。

3. 若监事会不认可高管的抗辩理由仍坚持要求其纠正的，相关高管可提请由董事会聘请专业律师就相应行为是否损害公司利益出具法律意见，并根据法律意见自主决定是否继续进行该项行为；或提请董事会提交股东会决议并根据股东会决议以及董事会决议的结果执行。

【重要问题与分析】

问题：

高管未按监事会要求纠正其损害公司利益的行为是否构成违反忠实义务

或勤勉义务？

分析：

高管未按监事会要求纠正其明显损害公司利益的行为违反其忠实义务，但高管自认其行为并不损害公司利益从而与监事会的认定存在冲突时，高管的拒绝纠正行为并不当然违反其忠实义务或勤勉义务。

详情请参照第一章第一节“四、董事受命纠正其损害公司利益的行为”。

三、高管受命列席股东会并接受股东质询

【适用场景】

高管应股东会要求列席股东会时，如果有股东就经营管理事项向高管提出质询时。

【履职行为描述】

高管应股东会要求列席股东会时，应接受股东针对公司经营管理事项的质询。

【法律责任/法律后果】

高管在股东会上拒绝接受股东质询的，可能产生下列后果：

（一）对公司的法律后果

导致与质询事项相关的董事会决议不能通过。

（二）相关高管的法律责任

1. 被监事会向董事会建议罢免；

2. 被认定为没有尽到勤勉义务而被监事会或股东代表在相关诉讼中要求该高管对公司损失承担赔偿责任。

【履职指南】

1. 高管应按股东会要求列席股东会；
2. 高管应如实回答股东提出的质询。

【重要问题与分析】

问题：

高管未列席股东会或拒绝接受股东质询是否构成违反忠实义务或勤勉义务？

分析：

高管未列席股东会或拒绝接受股东质询不违反其忠实义务，但违反其勤勉义务。

详情请参照第一章第一节“五、董事受命列席股东会并接受股东质询”。

四、经理列席董事会会议

【适用场景】

董事会召开时。

【履职行为描述】

经理应当列席董事会会议，并根据董事会要求如实陈述。

【法律责任/法律后果】

经理拒绝或不按时列席董事会会议，可能产生以下法律责任：

1. 被董事会认定为不勤勉尽责而解聘；
2. 被监事会认定为不勤勉尽责而向董事会建议解聘。

【履职指南】

1. 经理应根据董事会的通知，准时列席董事会。

2. 经理应就董事会授权其行使的职权或管理的事务，根据董事会主持人的要求参与会议讨论或回答董事的相关询问。

【重要问题与分析】

问题：

经理不列席董事会会议是否构成违反忠实义务或勤勉义务？

分析：

经理不列席董事会会议不违反其忠实义务，但违反其勤勉义务。

《公司法》虽然没有明确规定经理不列席董事会会议的具体法律责任，但因经理列席董事会会议构成经理的法定义务，那么他/她拒绝或不按时列席董事会会议的行为相应构成经理对其法定义务的违反。

经理不列席董事会会议的行为本身并不指向经理对公司利益的争夺或损害，也不侵害公司正常的交易秩序或交易选择权，所以类似行为不构成对忠实义务的违反。

但该等行为表明经理没有或无意积极履行职务，此时应视其情节轻重和相应损害后果的不同而分别被认定为轻度违反勤勉义务或根本违反勤勉义务。即便这一行为仅被认定为轻度违反勤勉义务而不一定需要承担赔偿责任，但可构成认定经理严重或根本违反勤勉义务的补充或补强证据，从而可能在其他针对经理的其他行为违反忠实义务或勤勉义务的诉讼案件中对其不利。

五、高管申报和实施关联交易的特别义务

【适用场景】

高管在自己或其关联公司拟与公司进行关联交易的整个环节。包括：

1. 高管在自己或其关联公司准备与公司进行关联交易前；

2. 高管在公司董事会或股东会决议同意相关关联交易后实施该交易的过程中。

【履职行为描述】

高管在自己或其关联公司拟与所任职公司进行关联交易前，应向所任职公司董事会或股东会申报，并在得到公司准许后公允地实施相关关联交易。

【法律责任/法律后果】

高管违反法律、行政法规或公司章程的规定，未经向股东会/董事会报批并获批准，擅自进行关联交易，可能产生下列后果：

（一）对公司的法律后果

1. 导致相关关联交易被人民法院判决确认无效或被撤销。

2. 给公司造成损失。

（二）相关高管的法律责任

1. 如果因相关关联交易不公允给公司造成损失的，相关高管应对公司的损失承担赔偿责任。

2. 相关高管被认定为未尽勤勉义务而被监事会向董事会建议解任，或被董事会直接解聘。

【履职指南】

1. 高管应严格遵守法律、监管机构和公司章程规定的关联交易申报制度，秉持忠实义务、勤勉义务主动申报嵌套型、隐秘型变相关联交易。

2. 高管应主动向董事会申报拟进行的关联交易的标的物、价格、付款方式、交割方式等关键信息，并在取得董事会许可后公允地进行交易。

【重要问题与分析】

问题：

高管不对关联交易预先进行申报，或申报后所实施的关联交易不公允损害公司利益的，高管是否构成违反忠实义务或勤勉义务？公司如何维权？

分析：

高管不对关联交易预先进行申报的行为违反其勤勉义务，高管在关联交易申报获批后不公允地实施关联交易致使损害公司利益的行为违反其忠实义务。

任何情形下，高管都应本着忠实勤勉的职业要求，主动披露、申报关联交易，并依据公允交易价格和交易条件与公司进行关联交易。这是高管在《公司法》下的法定义务。

高管如果违反该等法定义务，在申报审批流程不合法或签订该关联交易合同的高管没有董事会或股东会有效授权等情形下与公司进行关联交易，本身就不构成善良管理人，不符合勤勉义务关于正常管理者的通常合理注意义务的要求，故而构成违反勤勉义务。

如果因为该等关联交易而损害公司利益，那么该等行为构成与公司争夺利益，违反高管对公司的忠实义务。

在相应情况下，由于高管违反忠实义务或勤勉义务，且签订该关联交易合同的高管没有董事会或股东会有效授权，而关联交易的相对方正常情形下将被推定知道相关高管无充分有效授权而不构成善意相对人，如此将导致关联交易合同无效或被撤销；公司可主张关联交易合同对公司不产生法律效力，并可主张高管违反忠实义务或勤勉义务而应对公司的损失承担赔偿责任。

六、担任法定代表人的高管向股东披露董监高从公司获得报酬的情况

【适用场景】

公司在每一年度定期报告中拟披露董监高从公司获得报酬的情况时，或

董监高报酬发生变化后公司拟在临时报告中披露董监高的报酬变化情况时。

【履职行为描述】

担任公司法定代表人的高管，应按照法律和公司章程的规定，根据董事会的安排，以公司名义定期向股东披露董监高从公司获得报酬的情况，或在董监高从公司获得报酬的情况发生变化后及时以临时报告的方式向股东披露变化后董监高从公司获得报酬的情况。

【法律责任/法律后果】

担任法定代表人的高管拒绝或不按时亲自或指示下属职员以公司名义向股东披露董监高的报酬事项及其变化情况，如果导致公司未向股东披露董监高的真实准确的报酬情况，相关高管可能承担如下法律责任：

（一）民事责任

1. 被监事会认定为未尽勤勉义务而向董事会建议解任；

2. 被董事会罢免或更换；

3. 在相关诉讼中被要求对公司损失承担赔偿责任。

（二）刑事责任

若公司为上市公司且拒绝或怠于披露董监高的报酬事项，公司可能构成违规披露、不披露重要信息罪（《刑法》第161条），作为公司主要负责人的法定代表人和直接负责相关信息披露的高管，也应对单位犯罪承担刑事责任，最高面临“五年以上十年以下有期徒刑，并处罚金”的刑事处罚。

【履职指南】

1. 及时披露

担任法定代表人的高管应亲自或指示下属职员按法律和公司章程规定的时间及时披露董监高从公司获得报酬的情况及其变化情况，不应不当延误。

2. 如实披露

担任法定代表人的高管应亲自或指示下属职员按董监高实际从公司取得

的报酬进行披露，不得弄虚作假。

【重要问题与分析】

问题：

公司定期披露董监高报酬的法定义务与高管履行职责有何关系？

分析：

担任法定代表人的高管系根据其法定职责办理定期披露董监高的报酬事项。

详情请参照本书第一章第一节“十三、担任法定代表人的董事向股东披露董监高从公司获得报酬的情况”。

七、担任法定代表人的高管办理公司的商事变更登记

【适用场景】

公司发生股权转让、增资扩股等导致股东/股权发生变更，或公司发生其他登记事项变更需要办理商事变更登记时。

【履职行为描述】

担任法定代表人的高管在公司发生股权转让或增资扩股等情形致使公司需要办理商事变更登记时，应亲自或指示下属职员及时以公司名义办理相应商事变更登记。

【法律责任/法律后果】

担任法定代表人的高管在公司发生需要办理商事变更登记的事项时，未亲自或指示下属职员及时办理相应商事变更登记，如果因此导致公司承担相应赔偿责任，相应高管应承担如下法律责任：

1. 被监事会认定为未尽勤勉义务而向董事会建议解任；

2. 被董事会罢免或更换；

3. 如果因此导致公司承担相应赔偿责任，高管应赔偿公司因此所遭受的损失。

【履职指南】

详情请参照本书第一章第一节“十四、担任法定代表人的董事办理公司的商事变更登记”。

【重要问题与分析】

问题：

公司办理商事变更登记的法定义务与高管履职之间有何关系？

分析：

担任法定代表人的高管系根据其法定职责办理公司相关商事变更登记事项。

详情请参照本书第一章第一节“十四、担任法定代表人的董事办理公司的商事变更登记”。

八、高管被限制操控公司资助他人取得本公司或其母公司股份

【适用场景】

高管拟操控公司资助他人取得本公司或其母公司的股份/股权时。

【履职行为描述】

非经法定程序取得公司允许，高管不得操控公司资助他人取得本公司或其母公司的股份/股权。

【法律责任/法律后果】

除为实施员工持股计划目的以外，未经股东会决议或股东会授权的董事会决议，并为公司利益需要，高管若操控公司为他人取得本公司或者其母公司的股份提供财务资助且财务资助的累计总额超过已发行股本总额的10%的，应承担如下法律责任：

1. 被监事会认定为未尽勤勉义务而向董事会建议解任；
2. 被董事会罢免或更换；
3. 因此给公司造成损失的，高管应承担赔偿责任。

【履职指南】

1. 董事会按照公司章程或者股东会的授权作出决议后，高管方可代表公司为他人取得本公司或者其母公司的股份提供财务资助，但财务资助的累计总额不得超过已发行股本总额的10%。

2. 董事会作出同意公司资助的相关决议应当经全体董事的2/3以上通过。

【重要问题与分析】

问题一：

公司被限制资助他人取得本公司或其母公司股份的义务与高管履职之间的关系如何？高管操控公司资助他人取得本公司或其母公司股份是否构成违反忠实义务或勤勉义务？

分析：

高管被禁止操控公司资助他人取得本公司或其母公司股份，高管操控公司资助他人取得本公司或其母公司股份的相应行为违反其对公司的忠实义务。

详情请参照本书第一章第一节“十六、董事被限制操控公司资助他人取得本公司或其母公司股份”。

问题二：

有限责任公司的高管是否被限制操控公司资助他人取得本公司或其母公司股权？

分析：

有限责任公司的高管同样应被限制操控公司资助他人取得本公司或其母公司股权。

详情请参照本书第一章第一节“十六、董事被限制操控公司资助他人取得本公司或其母公司股份”。

九、高管被限制谋取公司的商业机会

【适用场景】

已任公司高管职务的人意图谋取属于本公司的商业机会时。

【履职行为描述】

高管不得利用职务便利为自己或者他人谋取属于公司的商业机会。

【法律责任/法律后果】

除非公司不能利用相应商业机会或高管已向董事会或股东会报告并取得董事会或股东会同意，否则高管若利用职务便利为自己或者他人谋取属于公司的商业机会，需要承担如下法律责任：

1. 可能被认定为违反忠实义务，违法违规所得需返还任职公司；
2. 如果给任职公司造成损失的，还应承担损失赔偿责任。

【履职指南】

详情请参照本书第一章第一节“十七、董事被限制谋取公司的商业机会”。

【重要问题与分析】

问题：

如何判断高管是否谋取或意图谋取公司的商业机会？

分析：

详情请参照本书第一章第一节“十七、董事被限制谋取公司的商业机会”。

十、高管被限制同业竞争

【适用场景】

已任公司高管职务的人意图自营或为他人经营与本公司同类业务时。

【履职行为描述】

高管未经公司准许不得自营或者为他人经营与其任职公司同类的业务。

【法律责任/法律后果】

除非高管已向董事会或股东会报告并取得董事会或股东会同意，否则若高管自营或者为他人经营与其任职公司同类的业务，可能承担的法律责任详情请参照本书第一章第一节“十八、董事被限制同业竞争”。

【履职指南】

详情请参照本书第一章第一节“十八、董事被限制同业竞争”。

【重要问题与分析】

详情请参照本书第一章第一节“十八、董事被限制同业竞争”。

十一、高管被禁止不公允关联交易

【适用场景】

1. 高管在拟实施损害公司利益的关联交易前；

2. 高管拟通过操控公司向其关联方恶意低价增资扩股以稀释原股东股权，或拟以低于正常评估价值的价格向关联方出售公司资产时。

【履职行为描述】

高管不得实施损害公司利益的关联交易，禁止高管恶意低价增资扩股（或发行股份）或以不正当低价出售公司资产。

【法律责任/法律后果】

高管直接或间接违反申报等程序性规定，徇私舞弊低价发行公司股份或低价出售公司资产，给公司造成损失的，相关高管可能承担的民事责任和刑事责任详情请参照本书第一章第一节“十九、董事被禁止不公允关联交易”。

【履职指南】

详情请参照本书第一章第一节“十九、董事被禁止不公允关联交易”。

【重要问题与分析】

详情请参照本书第一章第一节“十九、董事被禁止不公允关联交易”。

十二、高管被禁止协助或放任股东抽逃出资

【适用场景】

公司高管知悉或应知股东抽逃出资时。

【履职行为描述】

高管不得协助股东抽逃出资，也不得明知而放任股东抽逃出资。

【法律责任/法律后果】

高管故意协助股东抽逃出资，或违反忠实义务、勤勉义务放任股东抽逃出资，给公司或债权人造成损失的，相关高管可能承担的民事责任和刑事责任详情请参照本书第一章第一节“二十、董事被禁止协助或放任股东抽逃出资”。

【履职指南】

详情参照本书第一章第一节“二十、董事被禁止协助或放任股东抽逃出资”。

【重要问题与分析】

问题：

高管可能构成抽逃出资犯罪吗？

分析：

可能构成抽逃出资犯罪的共犯。

理由详情参照本书第一章第一节“二十、董事被禁止协助或放任股东抽逃出资”。

十三、高管持股申报及转股限制

【适用场景】

1. 规制对象为股份有限公司的高管；
2. 高管取得公司股份或所持股份变化后；
3. 高管拟转让所持公司股份时；
4. 高管离任后半年内拟转让股份时。

【履职行为描述】

股份有限公司的高管应按照法律和公司章程的规定定期向公司报告其所持公司股份的情况，或在所持公司股份变化时及时向公司临时报告其持股变化情况；并严格遵守 IPO 1 年内及离职后半年内不得转让所持公司股份以及任职期限内每年转让股份不超过其所持股份总额的 1/4 的规定。

【法律责任/法律后果】

相应民事责任和刑事责任详情请参照本书第一章第一节“二十一、董事持股申报及转股限制”。

【履职指南】

详情请参照本书第一章第一节“二十一、董事持股申报及转股限制”。

【重要问题与分析】

问题：

有限责任公司的高管需要申报持股及持股变化吗？有限责任公司的高管转让股份应否受到限售规制？

分析：

除非公司章程另有规定，有限责任公司的高管不需要申报其持股数额及持股变化情况，其转让股份也不应受到限售规制。详情请参照本书第一章第一节“二十一、董事持股申报及转股限制”。

十四、高管被禁止参与共同操控公司违法违规分配利润

【适用场景】

高管协助董事、控股股东或实际控制人共同操控公司违反法律法规和公

司章程的规定分配公司利润时。

【履职行为描述】

高管不得协助董事、控股股东和实际控制人共同操控公司违反法律法规和公司章程的规定，直接或间接变相地向股东分配公司利润。

【法律责任/法律后果】

高管违反法律、行政法规或公司章程的规定，协助董事、控股股东或实际控制人操控公司，在公司弥补亏损、提取相应法定项目和依法缴纳企业所得税前，未经股东会决议擅自分配公司利润的，应当承担如下法律责任：

（一）民事责任

1. 股东应当将违反规定分配的利润退还公司；

2. 如果给公司造成损失的，股东及相应高管应当承担赔偿责任。

（二）刑事责任

相关高管可能与相关董事、控股股东或实际控制人共同构成挪用资金罪（《刑法》第272条），最高面临“七年以上有期徒刑”的刑事处罚。

【履职指南】

1. 高管应拒绝参与违法违规的利润分配方案磋商；

2. 财务负责人对于违法违规利润分配应拒绝批准资金流向股东；

3. 对于是否为违法违规利润分配存有争议的事项，高管可向董事会或监事会提议聘请专业律师对利润分配合法性发表法律意见后，再跟进实施。

详情请参照本书第一章第一节“二十二、董事被禁止操控公司违法违规分配利润”。

【重要问题与分析】

问题：

如何识别违法违规利润分配？

分析：

详情请参照本书第一章第一节“二十二、董事被禁止操控公司违法违规分配利润”。

十五、高管被禁止参与共同操控公司违法违规减资

【适用场景】

高管意图协助董事、控股股东或实际控制人共同操控公司减少注册资本时。

【履职行为描述】

高管不得协助董事、控股股东或实际控制人共同操控公司违反法律法规和公司章程规定进行减资。

【法律责任/法律后果】

高管违反法律、行政法规或公司章程的规定，协助董事、控股股东或实际控制人共同操控公司，在公司未通知和公告债权人、未按债权人要求提前偿债或提供担保的情况下通过减资向股东分配资金的，应承担如下法律责任：

（一）民事责任

1. 股东应当退还其收到的资金，被减免股东出资的应当恢复原状；不能退还资金或不能恢复原状的，相应高管应承担连带赔偿责任。

2. 给公司造成损失的，股东及相应高管应当承担赔偿责任。

（二）刑事责任

相关高管与参与共同操控公司的控股股东、实际控制人可能共同触犯抽逃出资罪（《刑法》第159条）的共同犯罪，最高面临“五年以下有期徒刑或者拘役，并处或者单处虚假出资金额或者抽逃出资金额百分之二以上百分之十以下罚金”的刑事处罚；或挪用资金罪（《刑法》第272条），最高面临“七年以上有期徒刑”的刑事处罚。

【履职指南】

1. 高管应严格遵守法定减资程序，落实通知和公告债权人的义务；
2. 高管应拒绝参与违法违规分红的方案磋商；
3. 财务负责人对于违法违规减资应拒绝批准资金流向股东；
4. 对于是否为违法违规减资存有争议的事项，高管可向董事会或监事会提议聘请专业律师对减资合法性发表法律意见后，再跟进实施。

详情请参照本书第一章第一节“二十三、董事被禁止操控公司违法违规减资”。

【重要问题与分析】

问题：

如何识别违规减资？

分析：

详情请参照本书第一章第一节“二十三、董事被禁止操控公司违法违规减资”。

十六、高管合法合规履职

【适用场景】

高管履行职务的全过程、全环节。

【履职行为描述】

高管应按照法律和公司章程的规定履行其根据董事会授权经营管理公司等职务。

【法律责任/法律后果】

1. 对公司的赔偿责任

高管执行职务违反法律、行政法规或公司章程的规定，给公司造成损失的，应当承担赔偿责任。

2. 对债权人的赔偿责任

高管因故意或重大过失履行职务造成他人损害的，应当与公司连带承担损害赔偿责任。

【履职指南】

1. 高管应根据法律法规、政府发布的有约束力的政策指引、公司章程和董事会决议及指令履行职务。

2. 高管应在公司章程或董事会明确的职责范围内履行职务，不得超越职权，也不得玩忽职守。

3. 高管履职时因自身专业或经验见识所限而无法准确识别合法性与否时，应提请董事会或根据董事会授权在职权范围内及时寻求专业律师的帮助，最终以不损害国家、社会、他人或公司合法权益为目标履行职务。

详情请参照本书第一章第一节“二十四、董事合法合规履职”。

【重要问题与分析】

问题：

合法合规的范围如何确定？

分析：

详情请参照本书第一章第一节“二十四、董事合法合规履职”。

十七、高管参与清算及注销公司

【适用场景】

高管被股东会决议任命为清算组成员后至公司注销期间。

【履职行为描述】

高管应作为清算组成员对公司进行清算并于清算完毕申请注销公司。

【法律责任/法律后果】

1. 对公司的赔偿责任

高管作为清算组成员不履行清算组职责、怠于及时通知债权人申报债权、不按经股东会或人民法院确认的清算方案分配公司剩余财产等怠于履行清算职责，给公司造成损失的，应当承担赔偿责任。

2. 对债权人的赔偿责任

高管履行清算职责时因故意或者重大过失给债权人造成损失的，应当承担赔偿责任。

【履职指南】

详情请参照本书第一章第一节“二十六、董事清算及注销公司”。

【重要问题与分析】

问题：

高管的清算责任从何开始，具体责任是什么？

分析：

高管因董事会的提议及股东会的决议确认而成为清算组成员。

当董事向股东会提议增加高管作为清算组成员时，经股东会决议同意并经高管接受后，高管正式成为清算组成员，参与公司清算，依照法律或章程规定对公司资产和债务进行核实和清算、分配和办理注销。

如果高管在进行清算时不按法律规定的程序和规则进行清算，或清算后没有按法律规定分配财产和清偿债务前擅自注销公司，将可能被视为违反勤勉义务或被视为怠于履行清算职责从而给公司造成损失，需要分不同过错情形而对公司或债权人承担相应的赔偿责任。

十八、高管对公司的忠实义务和勤勉义务

【适用场景】

高管履行公司职务的全过程和全环节。

【履职行为描述】

高管在履行公司职务的任何环节，都必须以公司利益为自己的唯一利益并秉持为公司利益最大化的目的而履行职务，不得低于管理者通常应有的合理注意。

【法律责任/法律后果】

高管违反忠实义务和勤勉义务，可能承担如下法律责任：

1. 高管的违法违规所得归公司所有；

2. 因此给公司造成损失的，还应赔偿公司的损失；

3. 因此而触犯刑法的，还应承担刑事责任，具体罪名及刑事责任需根据违反忠实义务、勤勉义务的具体行为按《刑法》的规定分别确定。

【履职指南】

1. 高管履行忠实义务、勤勉义务的详情请参照第一章第一节“二十七、董事对公司的忠实义务和勤勉义务”之“履职指南”。

2. 高管在公司履职期间，除严格遵守法律、行政法规和公司章程关于忠实义务、勤勉义务的规定外，还应执行公司董事会通过的相关决议、董事会制定的相关制度、董事会通过的相关方案，董事会指令高管执行的具体事务等；不仅遵守实体性规定，还应遵守程序性规定等。

3. 高管在公司履职期间，应推动公司明确高管的职务范围和岗位职责，明确规定公司关于竞业限制的地域范围和相竞争的业务范围等。

【重要问题与分析】

问题：

实务中如何通过公司章程设计，以减少高管因法律对忠实义务或勤勉义务规定得不够具体明确而致轻易陷入违法?

分析：

忠实义务、勤勉义务是高管最核心、最本质的义务，高管的所有其他法律义务均由此派生而来，在高管履行公司职务的全过程和全环节均必须切实真正遵守，高管应始终秉持“以公司的利益为唯一利益而不与公司争利”（忠实）以及“以公司利益最大化为目标而努力工作”（勤勉）的原则履行职务，不能抱有任何侥幸心理，试图以任何变相形式去规避义务。

另外，为了尽量减少因职责划分不明而致难以准确认定高管是否履职不充分或越界履职等问题，高管应推动公司修订公司章程，通过公司章程明确规定商业判断原则的具体情形；同时，在章程中明确高管的具体范围和高管的具体职责内容和范围。

如此，有助于将特定主体定义为公司高管从而将其置于法律的明确规范之下，也有助于高管根据自己的职责范围比照履职，避免在标准不确定的情况下轻易地陷入“应履职而未履职”或越界履职等被认定为违反忠实义务或勤勉义务的情形。

第二节　上市公司高管履职事项及特别指引

十九、上市公司高管履职事项及特别指引

【适用场景】

上市公司的高管在上市公司履行职责时。

【履职行为描述】

上市公司的高管对上市公司及全体股东负有忠实与勤勉义务，应按照《公司法》、《证券法》以及行政法规、中国证监会规章、证券交易所业务规则以及公司章程的规定，根据董事会的决定运营和管理公司。

【上市公司高管职责】

（一）一般职责

履行本书表5所列第1～18项普通公司高管的义务和责任。

（二）特别职责

1. 上市公司的经理、财务负责人、董事会秘书等高管应当及时编制定期报告草案，提请董事会审议；董事会秘书负责送达董事审阅；董事会秘书负责组织定期报告的披露工作。

2. 上市公司高管应当及时向董事会报告公司经营或者财务方面出现的重大事件、已披露的事件的进展或者变化情况及其他相关信息。

3. 上市公司董事会秘书负责组织和协调公司信息披露事务，汇集上市公司应予披露的信息并报告董事会，持续关注媒体对公司的报道并主动求证报道的真实情况，负责办理上市公司信息对外公布等相关事宜。

4. 上市公司高管应当及时向上市公司董事会报送上市公司关联人名单及关联关系的说明。

5. 上市公司的高管应当对证券发行文件和定期报告签署书面确认意见，保证上市公司及时、公平地披露信息，所披露的信息真实、准确、完整。

高管无法保证证券发行文件和定期报告内容的真实性、准确性、完整性或者有异议的，应当在书面确认意见中发表意见并陈述理由，上市公司应当披露。上市公司不予披露的，高管可以直接申请披露。

6. 上市公司高管知悉重大事件发生时，应当按照公司的规定立即履行报告义务；董事会秘书应根据董事长的指令组织临时报告的披露工作。

7. 上市公司高管对公司信息披露的真实性、准确性、完整性、及时性、公平性负责，但有充分证据表明其已经履行勤勉尽责义务的除外。

上市公司经理、董事会秘书，应当对公司临时报告信息披露的真实性、准确性、完整性、及时性、公平性承担主要责任。

上市公司经理、财务负责人应对公司财务报告的真实性、准确性、完整性、及时性、公平性承担主要责任。

8. 上市公司的高管，不得将其持有的该公司的股票或者其他具有股权性质的证券在买入后 6 个月内卖出，或者在卖出后 6 个月内又买入。

9. 上市公司的高管不得利用内幕信息从事证券交易活动；在内幕信息公开前，不得买卖该公司的证券，不得泄露该信息，不得建议他人买卖该证券。

【法律责任/法律后果】

详情请参照上市公司内部董事的“法律责任/法律后果”。

【履职指南】

详情请参照上市公司内部董事的“履职指南”。

【重要问题与分析】

详情请参照上市公司内部董事的“重要问题与分析”。

第三节　国有公司高管履职事项及特别指引

二十、国有独资公司高管履职事项及特别指引

【适用场景】

国有独资公司的高管履行职务的全环节和全流程。

【履职行为描述】

国有独资公司的高管对公司负有忠实义务和勤勉义务，应按照《公司法》《企业国有资产法》等法律法规和公司章程的规定，运营和管理公司。

【国有独资公司高管职责】

（一）一般职责

履行本书表5所列第1～18项普通公司高管的义务和责任。

（二）特别职责

1. 国有独资公司的高管未经履行出资人职责的机构同意，不得在其他有限责任公司、股份有限公司或者其他经济组织兼职。

2. 国有独资公司的主要负责人（若为经理）应当接受任期经济责任审计。

3. 国有独资公司的经理未经履行出资人职责的机构同意，不得兼任董事。

4. 国有独资公司的高管应当向资产评估机构如实提供有关情况和资料，不得与资产评估机构串通评估作价。

5. 国有独资公司的高管，对于国有独资公司依法拟向高管或高管的近亲

属或高管控制的企业转让国有资产时，应如实披露相关信息，且相关高管不得参与转让方案的制订和组织实施的各项工作。

【法律责任/法律后果】

（一）民事责任

1. 国有独资公司的高管违反《公司法》规定的忠实义务、勤勉义务或其他具体法定义务的，应按本书相关指引所述承担返还违法所得和民事赔偿责任。

2. 国有独资公司的高管未经履行出资人职责的机构同意，在其他有限责任公司、股份有限公司或者其他经济组织兼职的，可能被认定为违反忠实义务，其兼职所得应返还该国有独资公司；如果给国有独资公司造成损失的，还应承担损失赔偿责任。

3. 国家出资公司的高管在企业改制、财产转让等过程中，违反法律、行政法规和公平交易规则，将公司财产低价转让、低价折股；或违法与本公司进行自我交易；或不如实向资产评估机构、会计师事务所提供有关情况和资料，或者与资产评估机构、会计师事务所串通出具虚假资产评估报告、审计报告；或违反法律、行政法规和公司章程规定的决策程序，决定公司重大事项，造成国有资产损失的，依法承担赔偿责任。相关高管因此取得的收入，依法予以追缴或者归国有独资公司所有。造成国有资产重大损失的，将被履行出资人职责的机构予以免职。

4. 国有独资公司的高管在涉及关联方交易、国有资产转让等交易活动中，与对方当事人恶意串通，损害国有资产权益的，该交易行为无效。

5. 任职禁止。国有独资公司的高管违法造成国有资产重大损失而被免职的，自免职之日起5年内不得担任国有独资公司、国有资本控股公司的董监高；造成国有资产特别重大损失，或者因贪污、贿赂、侵占财产、挪用财产或者破坏社会主义市场经济秩序被判处刑罚的，终身不得担任国有独资公司、国有资本控股公司的董监高。

（二）刑事责任

国有独资公司高管违反《公司法》《企业国有资产法》的规定，可能被追究相应刑事责任，具体罪名及刑事责任需根据《刑法》的具体规定确定。详情请参考表5。

【履职指南】

1. 国有独资公司的高管应参照本书第二章第一节所述普通公司高管相应的履职指南。

2. 国有独资公司的高管还应参照本书第一章第三节“三十、国有独资公司的内部董事履职事项及特别指引”之“履职指南”。

【重要问题与分析】

问题：

是否所有国有公司的高管都不得在其他经济组织中兼职？

分析：

不一定，仅限国家出资的国有独资公司的高管不得在其他经济组织中兼职，其他类型的国有公司的高管不当然受此限制。

详情请参照本书第一章第三节“三十、国有独资公司的内部董事履职事项及特别指引”。

二十一、国有资本控股/参股公司高管履职事项及特别指引

【适用场景】

履行出资人职责的机构控股持有的国有资本控股公司或履行出资人职责的机构参股持有的国有资本参股公司的高管履行职务的全环节和全流程。

【履职行为描述】

国有资本控股公司和国有资本参股公司的高管对所任职公司除了应尽到普通公司高管对应的忠实义务与勤勉义务外，还应特别遵守《企业国有资产法》等法律法规和公司章程规定的特别义务，运营和管理公司。

【国有资本控股公司和国有资本参股公司的高管职责】

（一）一般职责

履行本书表5所列第1～18项普通公司高管的义务和责任。

（二）特别职责

1. 国有资本控股公司的董事应特别遵守如下规定：

（1）担任主要负责人的经理应当接受依法进行的任期经济责任审计。

（2）未经公司股东会同意，公司经理不得兼任董事长。

（3）高管应当向资产评估机构如实提供有关情况和资料，不得与资产评估机构串通评估作价。

（4）拟由自己或自己的近亲属、自己控制的公司/企业受让国有资产的，相关高管应如实披露相关信息，且相关高管不得参与转让方案的制订和组织实施的各项工作。

2. 国有资本参股公司的高管除遵守上述“一般职责”外，还需遵守上述“特别职责”中1.（4）项职责。

【法律责任/法律后果】

（一）民事责任

1. 国有资本控股公司和国有资本参股公司的高管违反《公司法》规定的忠实义务、勤勉义务其他具体法定义务的，应按本书相关指引承担返还违法所得和民事赔偿责任。

2. 国有资本控股公司和国有资本参股公司的高管未经公司股东会同意，

在与任职公司经营同类业务的其他企业兼职，可能被认定为违反忠实义务，其兼职所得应返还该国有资本控股公司和国有资本参股公司；如果给国有资本控股公司和国有资本参股公司造成损失的，还应承担损失赔偿责任。

3. 国有资本控股公司和国有资本参股公司的高管在企业改制、财产转让等过程中，违法将公司财产低价转让、低价折股；或违法与本公司进行自我交易；或不如实向资产评估机构、会计师事务所提供有关情况和资料，或者与资产评估机构、会计师事务所串通出具虚假资产评估报告、审计报告；或违反法定和公司章程规定的决策程序决定公司重大事项，凡造成国有资产损失的，应依法承担赔偿责任。

相关高管因此取得的收入，依法予以追缴或者归国有资本控股公司和国有资本参股公司所有。

造成国有资产重大损失的，由国家出资机构依法向公司董事会提出免职建议。

4. 国有资本控股公司和国有资本参股公司的高管在涉及关联方交易、国有资产转让等交易活动中，与对方当事人恶意串通，损害国有资产权益的，该交易行为无效。

5. 任职禁止。

国有资本控股公司的高管违法造成国有资产重大损失而被免职的，自免职之日起 5 年内不得担任国有独资公司、国有资本控股公司的董监高；造成国有资产特别重大损失，或者因贪污、贿赂、侵占财产、挪用财产或者破坏社会主义市场经济秩序被判处刑罚的，终身不得担任国有独资公司、国有资本控股公司的董监高。

（二）刑事责任

国有资本控股公司和国有资本参股公司的高管违反《公司法》《企业国有资产法》的规定，实施了利用职权收受贿赂或者取得其他非法收入和不当利益；或侵占、挪用公司资产；或将企业财产低价转让、低价折股等不公允交易行为损害公司利益的，可能被追究相应刑事责任。

具体罪名及刑事责任详情请参照本书第一章第三节“三十、国有独资公司的内部董事履职事项及特别指引”之“法律责任/法律后果”及表3。

【履职指南】

1. 国有资本控股公司或国有资本参股公司的高管如果需要在经营同类业务的其他企业（也可能是国有资本控股公司或国有资本参股公司的兄弟公司或子公司等）兼职，必须取得公司股东会同意。

2. 其他非由履行出资人职责的机构作为出资人设立的含有国资成分的公司的高管，只有在其兼职机构与本公司构成同业竞争时，才需要本公司同意；且对于其兼职的同意权根据公司章程的规定由股东会或董事会行使。

3. 国有资本控股公司和国有资本参股公司的高管还应参照本书第二章第三节“二十、国有独资公司高管履职事项及特别指引”之“履职指南”。

【重要问题与分析】

无。

二十二、含国资成分公司的高管履职事项及特别指引

【适用场景】

含国资成分公司高管履行职务全环节和全流程。

【履职行为描述】

含国资成分公司的高管应像普通公司董事一样，秉持对公司的忠实义务与勤勉义务，以公司利益为自己的唯一利益并秉持为公司利益最大化的目的而履行职务，不得低于管理者通常应有的合理注意。

【含国资成分公司的公司高管职责】

含国资成分公司的公司高管应遵守执行本书表 5 所列第 1 ~ 18 项普通公司高管的义务和责任。

【法律责任/法律后果】

详情请参照本书第二章第一节各篇对应“法律责任/法律后果”。

【履职指南】

详情请参照本书第二章第一节各篇对应“履职指南”。

【重要问题与分析】

详情请参照本书第二章第一节各篇对应“重要问题与分析”。

第三章　监事履职事项及指引

本书经对《公司法》逐条进行梳理、分析、归类和提炼，结合公司运营管理实践，将《公司法》项下普通公司监事的法律义务和履职项目分类如下：

（一）股东会相关

1. 监事会召集股东会。

2. 监事列席股东会并接受股东质询。

（二）出席监事会会议相关

1. 监事会主席/监事召集主持监事会。

2. 监事在监事会会议记录上签名。

3. 监事的留任义务。

（三）经营管理相关

1. 监事被限制谋取公司的商业机会。

2. 监事被限制同业竞争。

3. 监事被禁止不公允关联交易。

4. 监事被禁止协助或放任股东抽逃出资。

5. 监事被限制操控公司资助他人取得本公司及其母公司股份。

6. 监事持股申报及转让限制。

7. 监事合法合规履职。

8. 监督董事、高管违规分配利润。

9. 监督董事、高管违规减资。

（四）核心义务

监事对公司应履行忠实义务和勤勉义务，具体履行事项见表6。

表6　监事履职事项

<table>
<tr><th>序号</th><th>履职事项</th><th>法律来源</th><th>可能涉嫌罪名</th></tr>
<tr><td colspan="4">召集列席股东会及接受股东质询</td></tr>
<tr><td>1</td><td>监事会召集主持股东会</td><td>第63条第1款、第78条第4项、第114条第3款</td><td rowspan="2">—</td></tr>
<tr><td>2</td><td>监事列席股东会并接受股东质询</td><td>第187条</td></tr>
<tr><td colspan="4">主持/出席监事会会议</td></tr>
<tr><td>3</td><td>监事会主席/监事召集主持监事会</td><td>第76条第3款、第130条第3款</td><td rowspan="3">—</td></tr>
<tr><td>4</td><td>监事在监事会会议记录上签名</td><td>第81条第5款、第132条第5款</td></tr>
<tr><td>5</td><td>监事的留任义务</td><td>第77条、第130条</td></tr>
<tr><td colspan="4">与监督经营管理相关</td></tr>
<tr><td>6</td><td>监事被限制谋取公司的商业机会</td><td>第183条、第185条</td><td></td></tr>
<tr><td>7</td><td>监事被限制同业竞争</td><td>第184条、第185条，《刑法》第165条</td><td>非法经营同类营业罪</td></tr>
<tr><td>8</td><td>监事被禁止不公允关联交易</td><td>《刑法》第166条、第169条</td><td>为亲友非法牟利罪，徇私舞弊低价折股、出售公司、企业资产罪，背信损害上市公司利益罪</td></tr>
<tr><td>9</td><td>监事被禁止协助或放任股东抽逃出资</td><td>第53条第2款、第107条</td><td>抽逃出资罪</td></tr>
</table>

续表

序号	履职事项	法律来源	可能涉嫌罪名
与监督经营管理相关			
10	监事被限制操控公司资助他人取得本公司及其母公司股份	第 163 条	—
11	监事持股申报及转让限制	第 160 条第 2 款	
12	监事合法合规履职	第 188 条、第 191 条	—
13	监督董事、高管违法分配利润	第 211 条	抽逃出资罪，挪用资金罪
14	监督董事、高管违法减资	第 226 条	
核心义务			
15	监事对公司的忠实义务和勤勉义务	第 180 条、第 181 条	

第一节　普通公司监事履职事项及指引

一、监事会召集及主持股东会

【适用场景】

公司发生需要召开定期股东会或临时股东会的相关事项后，董事会不能履行或者不履行召集股东会会议职责时。

【履职行为描述】

监事会应以会议决议或授权的方式指定相应监事代表监事会召集和主持股东会。

【法律责任/法律后果】

监事会未及时召集和主持股东会，可能产生下列后果：

（一）对公司的法律后果

1. 相关股东会决议未能及时作出。

2. 相关股东会决议虽作出但因召集和主持程序瑕疵而被撤销或被认定不成立。

3. 可能给公司或相关当事方造成损失。

（二）相关监事的法律责任

1. 因上述情形给公司造成损失的，监事会全体监事可能被认定为未尽勤勉义务而需要承担赔偿责任；但有证据证明曾提议召集监事会（以讨论召集主持股东会事宜）的监事或在监事会会议上要求监事会及时召集主持股东会的监事除外。

2. 上述情形下相关监事可能因未尽勤勉义务而被股东会选举更换。

【履职指南】

1. 监事会主席是相应情形下股东会未能召开所致损失的第一赔偿责任人。

正常情形下由董事会召集并由董事长主持股东会，特定情形下由监事会召集和主持股东会，而监事会的召集和主持职能依法应由监事会决议所确定的自然人监事代表监事会去实际履行。

如果监事会主席未召集或未主持监事会会议，致使监事会未召开或未能形成决议以确定具体的自然人监事去代表监事会召集和主持股东会，则监事会主席是相应情形下股东会未能召开的第一责任人。

2. 监事会副主席和过半数的监事推选的监事按情形依次承担股东会未能召开所致损失的赔偿责任。

如果监事会主席有正当理由不能召集或不能主持监事会，那么依法应依次由监事会副主席或过半数的监事推选的监事负责召集和主持监事会以决议召开股东会的相关事宜。如果监事会副主席或过半数的监事推选的监事未召集或未主持监事会致使股东会未能召开，那么监事会副主席和过半数的监事推举的监事依次承担股东会未能按时召开所致损失的赔偿责任。

3. 过半数的监事未推举一名监事召集和主持相应监事会，致使监事会未能召开从而导致监事会未能召集和未能主持股东会的，各监事均应承担股东会未能召开所致损失的赔偿责任。

4. 如果监事会已经成功召开，但监事会决议所确定的自然人监事拒绝或怠于代表监事会去召集和主持股东会，导致股东会未能召开的，监事会决议所确定的自然人监事应承担股东会未能按时召开所致损失的赔偿责任。

【重要问题与分析】

问题：

监事会如何召集并主持股东会？

分析：

监事会作为议事机构，其召集和主持股东会的职能只能通过其成员贯彻该机构的意思去执行。

首先，监事会必须形成监事会决议，委派某一监事代表监事会去召集和主持股东会；而要形成监事会决议，必须有人召集和主持监事会。而这又必须先由享有法定召集和主持职权的监事会主席或过半数的监事推举的监事担任。

也就是说，必须先由监事会主席或副主席召集和主持监事会，然后各位监事在监事会上进行讨论，最终形成过半数的多数意见，即形成委派某位监事代表监事会去召集和主持股东会的监事会决议。

其次，受委派监事根据监事会决议代表监事会履行召集股东会的义务——确定股东会议题、确定股东会召开时间和地点等，并提前通知全体股东。然后，在确定的股东会召开日，由受委派监事代表监事会主持股东会，逐项推进各项议案的表决并形成最终股东会决议。

正因如此，当监事会未能及时召集主持股东会时，不仅监事会主席和副主席负有相应法律责任，而且任一监事对于“过半数的监事推举一名监事召集和主持监事会”事项负有提议和推举义务，若其未提议和推举，也将对股东会未能及时召开承担责任。

二、监事列席股东会并接受股东质询

【适用场景】

监事应股东会要求列席股东会时，有股东就监督事项向监事提出质询时。

【履职行为描述】

监事应股东会要求列席股东会时，应接受股东针对公司监督事项的质询。

【法律责任/法律后果】

1. 监事在股东会上拒绝接受股东质询的，可能被股东代表提出罢免议案。

2. 被认定为没有尽到勤勉义务而被股东代表在相关诉讼中要求对公司损失承担赔偿责任。

【履职指南】

1. 监事应按股东会要求列席股东会。

2. 监事应如实回答股东提出的质询。

【重要问题与分析】

问题：

监事拒绝列席股东会或拒绝接受股东质询是否构成违反忠实义务或勤勉

义务？

分析：

监事拒绝列席股东会或拒绝接受股东质询不违反其忠实义务，但违反其勤勉义务。

《公司法》虽然没有明确规定监事不按要求列席股东会或不接受股东质询的具体法律责任，但因监事列席股东会以及接受股东质询构成监事的法定义务，监事没有依法列席股东会或拒绝接受股东质询相应构成监事对其法定义务的违反。

监事拒绝列席股东会或拒绝接受股东质询的行为本身并不指向监事对公司利益的争夺或损害，也不侵害公司正常的交易秩序或交易选择权，所以类似行为不构成对忠实义务的违反。

但该等行为表明监事没有或无意积极履行职务，此时应视其情节轻重和相应损害后果的不同而分别被认定为轻度违反勤勉义务和根本违反勤勉义务。即便这一行为仅被认定为轻度违反勤勉义务而不一定需要承担赔偿责任，但仍可构成认定相关监事其他的行为严重或根本违反勤勉义务的补充或补强证据，从而可能在其他针对相关监事违反忠实义务或勤勉义务的诉讼案件中对其不利。

三、监事会主席/监事召集主持监事会

【适用场景】

1. 召开监事会定期会议时。
2. 经监事提议召开监事会临时会议时。

【履职行为描述】

监事会主席召集和主持监事会会议。

监事会主席不能履行职务或者不履行职务的，有限责任公司由过半数的

监事共同推举一名监事召集和主持监事会会议；股份有限公司按先后顺位依次由监事会副主席和过半数的监事共同推举一名监事来召集和主持监事会会议。

【法律责任/法律后果】

监事会主席/监事会副主席/过半数的监事推举的监事拒绝或怠于召集主持监事会，导致相关监事会决议未能及时作出，或虽作出监事会决议但存在会议召集或主持程序等方面的瑕疵，可能产生下列后果：

（一）对公司的法律后果

相关监事会决议被撤销或被认定不成立。

（二）相关监事的法律责任

1. 由此给公司或相关当事方造成损失的，相关监事可能被股东代表认定为没有尽到勤勉义务而向股东会建议解任，或被股东会更换监事。

2. 相关监事在相关诉讼中可能被要求对公司损失承担赔偿责任。

【履职指南】

1. 监事会主席/监事会副主席/过半数的监事推举的监事（合格监事会召集主持人）应根据法律和章程的规定，及时召集和主持监事会定期会议。

2. 监事会主席应于监事提议召开临时监事会后及时召集主持监事会临时会议。

3. 监事会主席或其他情形下对应的合格监事会召集主持人应于每次监事会会议召开前的合理期间通知全体监事。

4. 监事会每次会议均应按上述第 3 项要求通知各监事参会。

【重要问题与分析】

问题：

监事会主席/过半数的监事推举的监事不召集主持监事会是否构成违反忠

实义务或勤勉义务？

分析：

相应情形不违反监事的忠实义务，但违反监事的勤勉义务。

《公司法》虽然没有明确规定监事会主席/过半数的监事推举的监事不召集主持监事会的具体法律责任，但因监事会主席/过半数的监事推举的监事应当召集主持监事会构成相应监事的法定义务，那么他/她拒绝或不及时召集主持的行为相应构成监事对其法定义务的违反。

监事会主席/过半数的监事推举的监事不召集主持监事会的行为本身并不指向监事对公司利益的争夺或损害，也不侵害公司正常的交易秩序或交易选择权，所以类似行为不构成对忠实义务的违反。

但该等行为表明监事没有或无意积极履行职务，此时应视其情节轻重和相应损害后果的不同而分别被认定为轻度违反勤勉义务和根本违反勤勉义务。基于监事会在公司内部机构和治理机制中的定位，其本身就应当尽勤勉义务，积极监督和纠正董事、高管的不当行为。但在董事、高管的不当行为发生时，或在法律规定的情形下，监事会主席/过半数的监事推举的监事却不召集主持监事会，致使监事会程序空转，该行为根本违反了监事会的设置初衷，构成对监事勤勉义务的根本违反，可能在其他针对监事忠实义务或勤勉义务的诉讼案件中对其不利。

四、监事在监事会会议记录上签名

【适用场景】

监事出席监事会且监事会对所议事项作出会议记录的。

【履职行为描述】

监事应对其所出席并参与表决的监事会对应的会议记录予以签名确认。

【法律责任/法律后果】

监事拒绝或不及时签署其参与表决的监事会会议记录，可能产生下列后果：

（一）对公司的法律后果

1. 可能导致相关监事会决议被主张存在表决瑕疵而被认定为不成立或可撤销等。

2. 在相关监事会记录被他人篡改、涂改或替换时，因缺乏相关监事的签名致使该监事很难有效证明确实存在篡改等情形，导致诉讼受阻。

（二）相关监事的法律责任

相关监事可能被股东代表认定为不勤勉尽责而向股东会建议解任。

【履职指南】

1. 监事应对其所出席并参与的监事会会议记录进行核实，确认属实后应签名确认。

2. 监事应要求公司妥善保管监事会会议记录，监事的质询意见和回复意见。

【重要问题与分析】

问题：

监事不签署其所出席并参与的监事会的会议记录是否构成违反忠实义务或勤勉义务？

分析：

监事不签署所出席并参与的监事会会议记录不违反忠实义务，但违反勤勉义务。

《公司法》虽然没有明确规定监事不签署其参与表决的监事会会议记录的具体法律责任，但因监事应当签署相应监事会会议记录构成监事的法定义务，那么他/她拒绝或不及时签署相关会议记录的行为相应构成监事对其法定义务的违反。

监事不签署所出席监事会的会议记录的行为本身并不指向监事对公司利益的争夺或损害，也不侵害公司正常的交易秩序或交易选择权，所以类似行为不构成对忠实义务的违反。

但该等行为表明监事没有或无意积极履行职务，此时应视其情节轻重和相应损害后果的不同而分别被认定为轻度违反勤勉义务和根本违反勤勉义务。即便这一行为仅被认定为轻度违反勤勉义务而不一定需要承担赔偿责任，但仍可构成认定相关监事其他行为严重或根本违反勤勉义务的补充或补强证据，从而可能在其他针对相关监事违反忠实义务或勤勉义务的诉讼案件中对其不利，可能导致被股东在未来的股东会上提出罢免议案，或被认定为未尽勤勉义务而被股东在相关诉讼中要求对公司损失承担赔偿责任。

五、监事留任

【适用场景】

监事（含职工监事）任期届满或辞职致使公司剩余监事人数不足法定的公司监事最低人数（监事会最低 3 人，监事最低 1 人）；或致使职工董事不足法定的相应最低人数时。

【履职行为描述】

监事（含职工监事）任期届满或辞职致使公司剩余监事人数不足法定的公司监事最低人数；或致使职工董事不足法定的相应最低人数时，相应监事或职工监事仍应留任至公司新的监事就任之时。

【法律责任/法律后果】

监事（含职工监事）在辞职或任期届满后，若公司剩余监事人数不足 3

人（监事会）或 1 人（监事）；或剩余职工监事不足法定的相应最低人数时，在新监事（或新职工监事）就任前，若原监事（或原职工监事）不继续担任留守监事，可能产生下列后果：

（一）对公司的法律后果

导致公司无法形成任何监事会决议，或公司监事会组成不合法，或导致相应监事会决议因监事会组成不合法而被撤销。

（二）相应监事的法律责任

如果因此损害公司利益的，相应监事应赔偿公司因此所遭受的损失。

【履职指南】

1. 新监事就任前，原监事仍应履行董事职务；但在辞职意思表示送达超过 60 天公司仍未改选新监事予以接替的情况下，原监事可向法院起诉请求解除监事任职并涤除监事任职备案。

2. 看守履职期间，看守监事虽仍应遵守忠实义务、勤勉义务，但该义务的履行不应损害已离任监事的劳动权，即看守监事有权突破《公司法》关于限制同业竞争的规定，但前提是该监事不得利用其监事任职而损害所看守任职公司的利益。

【重要问题与分析】

问题：

被解聘监事是否仍需留任？监事的留任义务与监事的劳动权之间如何平衡保护？

分析：

任期内被公司解聘的监事无须留任至新监事就任之时。

详情请参照第一章第一节“十五、董事留任”相关论述。

六、监督董事、高管违法违规分配利润

【适用场景】

监事发现公司董事、高管操控公司违反法律法规和公司章程的规定分配公司利润时。

【履职行为描述】

监事应监督董事、高管不得操控公司违反法律法规和公司章程的规定，直接或间接变相地向股东分配公司利润。

【法律责任/法律结果】

1. 民事责任

董事、高管违反法律、行政法规或公司章程的规定，在依法缴纳企业所得税、弥补亏损、提取法定公积金和提取任意公积金（如果公司章程有此规定）前，未经股东会决议擅自分配公司利润，如果监事对此知情而不制止，或不采取诉讼请求确认分配行为无效等救济措施，甚至与董事、高管及控股股东/实际控制人等合谋或放任后者操控公司违法分配利润，致使公司遭受损失的，监事应与其他责任人对公司损失承担连带赔偿责任。

2. 刑事责任

监事违反法律行政法规或公司章程的规定，与董事、高管、控股股东/实际控制人合谋或放任董事、高管操控公司违法分配利润的，可能构成挪用资金罪（《刑法》第 272 条）的共同犯罪。

【履职指南】

1. 监事应拒绝与董事、高管、控股股东/实际控制人等合谋违法违规分配利润。

2. 监事对董事、高管、控股股东/实际控制人等的违法违规分配利润行为应加强识别，明确表达反对并采取措施予以制止和救济。

3. 监事会应召集主持临时股东会，并聘请专业审计机构对在董事、高管、控股股东/实际控制人等操控下通过的违法违规分配利润的股东会议案重新进行审议，并作出新的股东会决议。

4. 监事会或监事应聘请专业律师对董事、高管、控股股东/实际控制人等操控的违法违规分配利润行为的合法性发表法律意见，敦促董事、高管纠正错误，直至提起诉讼。

【重要问题与分析】

问题：

如何确定监事对董事、高管、控股股东/实际控制人等的违法违规分配利润的法律责任？

分析：

本来，对公司是否分红以及如何分红是董事会制订分红方案并报请股东会批准后由董事、高管具体执行分配的事情，与监事并无关联。

但由于监事的职责在于监督董事、高管包括控股股东/实际控制人等合法合规履职，如果监事知道或应当知道董事、高管、控股股东/实际控制人等违法违规分红而不采取法定或章程规定的一切可能的措施予以制止或纠正，甚至明知董事、高管、控股股东/实际控制人等违法违规分红而予以协助或配合的，监事将被认定为未尽勤勉尽责义务，因此给公司造成损失的，相应监事应承担赔偿责任。

七、监督董事、高管违法违规减资

【适用场景】

监事发现公司董事、高管意图减少注册资本时。

【履职行为描述】

监事应监督董事、高管不得操控公司违反法律法规和公司章程的规定进行减资。

【法律责任/法律后果】

1. 民事责任

董事、高管违反法律、行政法规或公司章程的规定，未通知和公告债权人、未按债权人要求提前偿债或提供担保、通过减资向股东分配资金的，监事对此知情而不制止，或不采取诉讼请求确认减资及资金分配行为无效等救济措施，甚至与董事、高管及控股股东/实际控制人等合谋或放任后者操控公司违法违规减资，致使公司遭受损失的，监事应与其他责任人对该损失承担连带赔偿责任。

2. 刑事责任

监事违反法律、行政法规或公司章程的规定，与董事、高管、控股股东/实际控制人合谋或放任董事、高管操控公司违法违规减资并向股东分配资金的，可能构成抽逃出资罪（《刑法》第159条）或挪用资金罪（《刑法》第272条）的共同犯罪。

【履职指南】

1. 监事应拒绝与董事、高管、控股股东/实际控制人等合谋违法违规减资并向股东分配资金。

2. 监事对董事、高管、控股股东/实际控制人等的违法违规减资行为应加强识别，明确表达反对并采取措施予以制止。

3. 监事会应召集主持临时股东会，并聘请专业审计机构对在董事、高管、控股股东/实际控制人等操控下通过的违法违规减资议案进行审议，并作出新的股东会决议。

4. 监事会或监事应聘请专业律师对董事、高管、控股股东/实际控制人等操控的违法违规减资行为的合法性发表法律意见，敦促董事、高管纠正错误，直至提起诉讼。

【重要问题与分析】

问题：

如何确定监事对董事、高管、控股股东/实际控制人等的违规减资的法律责任？

分析：

详情请参照第三章第一节“六、监督董事、高管违法违规分配利润”的“重要问题与分析”。

八、监事对公司的忠实义务和勤勉义务

【监事对公司的忠实义务、勤勉义务的具体情形】

监事对公司的忠实义务、勤勉义务的具体情形包括：

1. 被限制谋取公司商业机会；
2. 被限制同业竞争；
3. 被禁止不公允关联交易损害公司利益；
4. 被禁止协助或放任股东抽逃出资；
5. 被限制操控公司资助他人取得本公司及其母公司股份；
6. 持股申报及转让限制；
7. 监事合法合规履职；
8. 其他符合忠实义务、勤勉义务法律要求的具体情形。

【适用场景】

除本书第三章第一节第“一”至“七”所述适用场景外，还包括监事执

行其公司职务的其他过程和环节。

【履职行为描述】

监事在履行公司职务的任何环节，都必须以公司利益为自己的唯一利益并秉持为公司利益最大化的目的而履行职务，不得低于管理者通常应有的合理注意。

【法律责任/法律后果】

监事违反忠实义务和/或勤勉义务，可能承担如下法律责任：

1. 监事的违法违规所得归公司所有。

2. 如果因此给公司造成损失的，还应赔偿公司的损失。

3. 如果因此违反相关法律或行政法规的，还应承担被责令改正、警告、没收违法所得和罚款等行政处罚责任。

4. 如果因此而触犯《刑法》的，还应承担刑事责任，具体罪名及刑事责任需根据违反忠实义务或勤勉义务的具体行为按《刑法》的规定分别予以确定。

【履职指南】

1. 鉴于监事职责并非经营管理公司，而是监督董事、高管的经营管理行为，忠实义务要求监事不得与董事、高管合谋串通，帮助董事、高管或与其共同实施侵害行为，损害公司利益。

2. 勤勉义务要求监事对于董事、高管的违法违规行为或不勤勉尽责的履职行为，必须以公司利益最大化为目的，尽一切可能的合理途径予以制止或改善，以尽量减少董事、高管的违法违规行为可能给公司造成的损失；不得能为而不为，或为而不到位，更不能越权履职，致使公司利益受损或损失扩大。

【重要问题与分析】

详情请参照本书第一章第一节“二十七、董事对公司的忠实义务和勤勉义务”之“重要问题与分析”。

第二节　上市公司监事履职事项及特别指引

九、上市公司监事履职事项及特别指引

【适用场景】

上市公司监事在上市公司履行职责时。

【履职行为描述】

上市公司监事对上市公司及全体股东负有忠实义务与勤勉义务，应按照《公司法》《证券法》以及中国证监会规章、证券交易所业务规则以及上市公司章程的规定，履行监督职责。

【上市公司监事职责】

（一）一般职责

履行本书表6所列第1～15项普通公司监事的义务和责任。

（二）特别职责

1. 上市公司的监事会应当对董事会编制的证券发行文件和定期报告进行审核并提出书面审核意见。监事应当签署书面确认意见。

2. 上市公司监事应当对公司董事、高级管理人员履行信息披露职责的行为进行监督；关注公司信息披露情况，发现信息披露存在违法违规问题的，应当进行调查并提出处理建议。

3. 上市公司监事应当及时向上市公司董事会报送上市公司关联人名单及关联关系的说明。

4. 上市公司的监事应当保证上市公司及时、公平地披露信息，所披露的信息真实、准确、完整。监事会对定期报告出具的书面审核意见，应当说明编制和审核的程序是否符合法律、行政法规、中国证监会的规定，报告的内容是否能够真实、准确、完整地反映上市公司的实际情况。监事无法保证证券发行文件和定期报告内容的真实性、准确性、完整性或者有异议的，应当在书面确认意见中发表意见并陈述理由，上市公司应当披露。上市公司不予披露的，监事可以直接申请披露。

5. 上市公司监事知悉重大事件发生时，应当按照公司的规定立即履行报告义务。

6. 上市公司监事应当对公司信息披露的真实性、准确性、完整性、及时性、公平性负责，但有充分证据表明其已经履行勤勉尽责义务的除外。

【法律责任/法律后果】

1. 上市公司监事违反《公司法》规定的忠实义务和勤勉义务或其他具体法定义务的，应按本书有关普通公司监事责任相关指引承担返还违法所得和民事赔偿责任。

2. 上市公司监事应当与上市公司及董事、高管连带承担因未按照规定披露信息，或者信息披露资料存在虚假记载、误导性陈述或者重大遗漏，致使投资者在证券交易中遭受损失的赔偿责任，但是能够证明自己没有过错的除外。

3. 上市公司监事违反《公司法》《证券法》的规定，可能被追究相应刑事责任，具体罪名需根据《刑法》的具体规定予以确定。详情请参见表7。

表7　上市公司监事可能涉及刑事犯罪

序号	上市公司监事 可能涉及刑事犯罪罪名	最高刑事处罚
1	非国家工作人员受贿罪	10年以上有期徒刑或者无期徒刑，并处罚金

续表

序号	上市公司监事 可能涉及刑事犯罪罪名	最高刑事处罚
2	对非国家工作人员行贿罪	3 年以上 10 年以下有期徒刑，并处罚金
3	非法经营同类营业罪	3 年以上 7 年以下有期徒刑，并处罚金
4	内幕交易、泄露内幕信息罪	5 年以上 10 年以下有期徒刑，并处违法所得 1 倍以上 5 倍以下罚金
5	背信损害上市公司利益罪	3 年以上 7 年以下有期徒刑，并处罚金
6	违规披露、不披露重要信息罪	5 年以上 10 年以下有期徒刑，并处罚金
7	侵犯商业秘密罪	3 年以上 10 年以下有期徒刑，并处罚金

未尽事项请参照本书第一章第二节“二十八、内部董事履职事项及特别指引”的“法律责任/法律后果”。

【履职指南】

1. 上市公司监事，其职责在于监督董事、高管而不在于直接经营管理公司，因此凡涉及利用职权或利用职务之便的犯罪行为，他/她都不能独立构成相应犯罪，但可以与具备主体资格的其他主体构成共同犯罪。

2. 上市公司监事对于中介机构（专业机构）出具的专业报告或专业意见，应在核实公司给专业机构提供的基础资料是否真实、完整、有效的基础上进行判断或表决。

3. 上市公司监事不仅要严格遵守《证券法》规定的有关内部人行为规范和诚实信批制度，而且还要特别注意遵守《公司法》规定的监事的忠实、勤勉义务特别是关联交易以及变相关联交易禁止性规定。

【重要问题与分析】

问题：

上市公司监事勤勉尽责的认定标准是什么？

分析：

详情请参照本书第一章第二节“二十八、内部董事履职事项及特别指引”的“重要问题与分析”中有关上市公司董监高勤勉尽责的认定标准。

第三节　国有公司监事履职事项及特别指引

十、国有独资公司监事/审计委员会委员履职事项及特别指引

【适用场景】

国有独资公司的监事或审计委员会委员在履行监事职责①时。

【履职行为描述】

国有独资公司的监事或审计委员会委员对国有独资公司及履行出资人职责的机构负有忠实义务和勤勉义务，应按照《公司法》《企业国有资产法》《企业国有资产监督管理暂行条例》《国有重点金融机构监事会暂行条例》以及公司章程的规定，履行监督职责。

---

① 《公司法》明确规定，国有独资公司不设监事会的，由审计委员会履行监事会职能。故本篇假定国有独资公司可能设监事会，也可能只设审计委员会而不设监事会，该等取舍由国有独资公司履行出资人职责的机构通过订立或修改章程的方式确定。

【监事职责】

（一）一般职责

国有独资公司的监事或审计委员会委员应履行本书表 6 所列第 1 ~ 15 项普通公司监事的义务和责任。

（二）特别职责

国有独资公司的监事或审计委员会委员应当向资产评估机构如实提供有关情况和资料，不得与资产评估机构串通评估作价。

【法律责任/法律后果】

1. 国有独资公司的监事或审计委员会委员违反《公司法》规定的有关监事的忠实义务和勤勉义务或其他具体法定义务的，应按本书普通公司监事责任相关指引承担返还违法所得和民事赔偿责任。

2. 国有独资公司的监事或审计委员会委员违法造成国有资产重大损失而被免职的，自免职之日起 5 年内不得担任国有独资公司、国有资本控股公司的董事、监事、高管；造成国有资产特别重大损失，或者因贪污、贿赂、侵占财产、挪用财产或者破坏社会主义市场经济秩序被判处刑罚的，终身不得担任国有独资公司、国有资本控股公司的董事、监事、高管。

【履职指南】

1. 国有独资公司的审计委员会，应按照公司法关于监事会组成的相关规定设立审计委员会主任，行使审计委员会会议的召集主持职能。

2. 国有独资公司的审计委员会，应按照公司法关于监事会的相关规定，完成审计委员会有效会议和有效决议的制度设计，为审计委员会顺利执行监事会职能创设制度条件。

【重要问题与分析】

无。

十一、国有资本控股/参股公司监事履职事项及特别指引

【适用场景】

国有资本控股公司和国有资本参股公司监事在公司履行职责时。

【履职行为描述】

国有资本控股公司和国有资本参股公司监事对公司负有忠实义务和勤勉义务，应按照《公司法》《企业国有资产法》《企业国有资产监督管理暂行条例》以及公司章程的规定，履行监督职责。

【监事职责】

（一）一般职责

履行本书表6所列第1～15项普通公司监事的义务和责任。

（二）特别职责

国有资本控股/参股公司的监事应当向资产评估机构如实提供有关情况和资料，不得与资产评估机构串通评估作价。

【法律责任/法律后果】

1. 国有资本控股/参股公司的监事违反《公司法》规定的忠实义务和勤勉义务或其他具体法定义务的，应按本书相关指引承担返还违法所得和民事赔偿责任。

2. 国有资本控股/参股公司的监事违法造成国有资产重大损失而被免职的，自免职之日起5年内不得担任国有独资公司、国有资本控股/参股公司的董事、监事、高管；造成国有资产特别重大损失，或者因贪污、贿赂、侵占财产、挪用财产或者破坏社会主义市场经济秩序被判处刑罚的，终身不得担

任国有独资公司、国有资本控股/参股公司的董事、监事、高管。

【履职指南】

详情请参照本书第三章第一节第“一”至“八”有关普通公司监事的履职指南。

【重要问题与分析】

无。

十二、含国资成分公司的监事履职事项及特别指引

【适用场景】

含国资成分公司的监事在公司履行职责时。

【履职行为描述】

含国资成分公司的监事对公司负有忠实义务与勤勉义务，应按照《公司法》以及公司章程的规定，履行监督职责。

【监事职责】

详情请参照第三章第一节“一”至“八”普通公司监事的对应职责。

【法律责任/法律后果】

含国资成分公司的监事违反《公司法》规定的忠实义务和勤勉义务或其他具体法定义务的，应按本书普通公司监事相关指引承担返还违法所得和民事赔偿责任；触犯刑法的，按本书相应指引承担刑事责任。

【履职指南】

详情请参照本书第三章第一节第“一”至“八”有关普通公司监事的履职指南。

【重要问题与分析】

无。

第四章　董监高任职及离职实务要点

第一节　董监高与公司的法律关系认定

一、董事、监事与公司的法律关系认定

【董事、监事与公司的法律关系定性】

董事、监事与公司的法律关系应定性为委托合同关系。

【董事、监事与公司法律关系的案例】

1. 最高人民法院（2020）最高法民再50号民事判决书

从公司法的角度看，公司依据章程规定及股东会决议聘任董事行使法定职权，董事同意任职并依法开展委托事项，公司与董事之间即形成委托关系，从双方法律行为的角度看实为委托合同关系。但公司与董事之间的委任关系并不排斥劳动合同关系的存在，即二者之间在符合特定条件时还可以构成劳动法上的劳动合同关系。《公司法》第44条第2款规定，“两个以上的国有企业或者两个以上的其他国有投资主体投资设立的有限责任公司，其董事会成员中应当有公司职工代表；其他有限责任公司董事会成员中可以有公司职工代表”。这就以法律形式明确肯定了董事与公司之间可以形成劳动关系，委任关系与劳动关系并非绝对排斥、不能兼容。

2. 深圳市中级人民法院（2021）粤03民终14334号民事判决书

公司与董事之间实质属于委任关系，依股东会的选任决议和董事答应任职而成立合同法上的委托合同，在法律、行政法规或者公司章程未另作规定的情况下，董事辞任是单方民事法律行为，依据董事对公司的单方意思表示而发生效力。

众多司法案例均认为董事、监事与公司之间成立委任关系，系委托合同法律关系。

【履职指南】

1. 董事、监事与公司的委托合同关系不排斥董事、监事与公司同时建立其他法律关系

（1）董事、监事与公司之间的委托合同关系并不排斥董事、监事兼任股东时与公司之间建立持股法律关系或认购增资合同关系，也不排斥董事、监事兼任股东时与公司其他股东或受让人之间建立股权转让合同关系。

（2）董事、监事与公司之间的委托合同关系并不排斥董事、监事同时与公司之间建立劳动合同关系。

（3）董事、监事与公司之间因辞职或解职等引起的委托合同关系的终止或变化，并不必然导致其与公司之间已经存在的劳动合同关系的终止或变化，也不影响其与公司之间股权关系的终止或变化，但董事、监事与公司之间另有合同约定的除外。

（4）董事、监事与公司之间因辞职或解职等引起的委托合同关系的终止或变化，并不必然影响其与其他股东或受让人之间股权转让合同关系的终止或变化。

2. 董事、监事与公司之间的委托合同法律关系的证据

（1）董事、监事签署相关董事会或监事会的会议记录；

（2）公司向董事、监事颁发的任命书状，及/或公司将董事、监事的相应任职信息备案于企业信用信息公示系统；

（3）公司向董事、监事支付董事、监事报酬的银行流水单据。

需要说明的是，商业实践中不少董事、监事同时在公司兼任劳动岗位并领取薪酬，未另行从公司领取董事、监事报酬，因此第（3）项证据只是补强，不是必需。

3. 董事、监事任职禁止条件

有下列情形之一的，不得担任公司的董事、监事、高级管理人员：

（1）无民事行为能力或者限制民事行为能力。

（2）因贪污、贿赂、侵占财产、挪用财产或者破坏社会主义市场经济秩序，被判处刑罚，或者因犯罪被剥夺政治权利，执行期满未逾 5 年，被宣告缓刑的，自缓刑考验期满之日起未逾 2 年。

（3）担任破产清算的公司、企业的董事或者厂长、经理，对该公司、企业的破产负有个人责任的，自该公司、企业破产清算完结之日起未逾 3 年。

（4）担任因违法被吊销营业执照、责令关闭的公司、企业的法定代表人，并负有个人责任的，自该公司、企业被吊销营业执照、责令关闭之日起未逾 3 年。

（5）个人因所负数额较大债务到期未清偿被人民法院列为失信被执行人。

4. 独立董事任职禁止条件

下列人员不得担任独立董事：

（1）在上市公司或者其附属企业任职的人员及其配偶、父母、子女、主要社会关系。

（2）直接或者间接持有上市公司已发行股份 1% 以上或者是上市公司前十名股东中的自然人股东及其配偶、父母、子女。

（3）在直接或者间接持有上市公司已发行股份 5% 以上的股东或者在上市公司前五名股东任职的人员及其配偶、父母、子女。

（4）在上市公司控股股东、实际控制人的附属企业任职的人员及其配偶、父母、子女。

（5）与上市公司及其控股股东、实际控制人或者其各自的附属企业有重大业务往来的人员，或者在有重大业务往来的单位及其控股股东、实际控制人任职的人员。

（6）为上市公司及其控股股东、实际控制人或者其各自附属企业提供财务、法律、咨询、保荐等服务的人员，包括但不限于提供服务的中介机构的项目组全体人员、各级复核人员、在报告上签字的人员、合伙人、董事、高级管理人员及主要负责人。

（7）最近12个月内曾经具有第（1）项至第（6）项所列举情形的人员。

（8）法律、行政法规、中国证监会规定、证券交易所业务规则和公司章程规定的不具备独立性的其他人员。

前款第（4）项至第（6）项中的上市公司控股股东、实际控制人的附属企业，不包括与上市公司受同一国有资产管理机构控制且按照相关规定未与上市公司构成关联关系的企业。

【重要问题与分析】

无。

二、高管与公司的法律关系认定

【高管与公司的法律关系定性】

高管与公司最基础的法律关系应定性为劳动合同法律关系。

【董事与高管之间法律关系的认定案例】

1. 北京市第一中级人民法院（2022）京01民终7981号民事判决书

本案关键争议焦点是邢某媛与兴侨公司之间建立的到底是什么用工关系。

首先，我国社会保险法律强制规定，建立劳动关系的用人单位与劳动者均要依法缴纳社会保险费用；而对于建立劳务关系等一般民事法律关系的民事主体，法律则没有强制其缴纳社会保险费用。同样，我国税收法律法规对劳动者因劳动关系所得收入适用的税率与劳动者因劳务关系等一般民事法律关系所得收入适用的税率也完全不同。因此，当民事主体之间建立的是劳动关系时，不仅牵涉合同订立双方的权利和义务，亦牵涉社保费用征缴和税收征缴等国家利益和社会公共利益。因此，基于国家利益和社会公共利益考量，对于民事主体之间建立的是不是劳动关系，应当根据双方之间真实存在的用工关系认定，而不能仅依据双方之间订立的合同进行认定。

其次，《劳动合同法》第 7 条规定，用人单位自用工之日起即与劳动者建立劳动关系。也就是说，建立劳动关系的实质要件是用人单位对劳动者是否开始劳动法意义上的用工，即劳动者是否开始向用人单位提供劳动。本案中邢某媛在兴侨公司工作期间担任综合管理部副经理，提供的劳动属于兴侨公司的业务组成部分，兴侨公司以及该公司总经理助理账户向邢某媛支付劳动报酬，邢某媛在工作安排、职务任免、日常考勤、兼职禁止等方面接受兴侨公司的劳动管理。易言之，邢某媛提供的劳动符合劳动关系的经济从属性与人格从属性特征，双方之间的用工关系具备了全日制劳动关系的本质特征。

2. 上海市第二中级人民法院（2023）沪 02 民终 11738 号民事判决书

劳动关系是指用人单位与劳动者之间就劳动者以劳动力交换报酬达成合意并据此形成的具有经济、人身从属性的权利义务关系。因此，判断相关当事人之间是否存在劳动关系，应当审查相关当事人之间是否存在一方提供劳动、一方支付对价的劳动力交换以及双方之间的劳动力交换形式是否具备劳动关系的从属性特征，即用人单位对劳动者享有指挥、控制和支配权。

3. 江苏省泰州市中级人民法院（2023）苏 12 民终 5198 号民事判决书

认定劳动关系必须采取综合认定的方法，即劳动关系应该根据劳动者是否实际接受用人单位的管理、指挥或者监督，劳动者提供的劳动是不是用人单位业务的组成部分，用人单位是否向劳动者提供基本劳动条件，以及向劳动者支付报酬等因素综合认定。本案中，根据审理查明的事实，案外人王某某将其购买的车辆挂靠在某公司，并委托陈某某实际经营管理，挂靠期间产生的经营所得归挂靠人所有。万某某系由陈某某聘用，报酬由陈某某发放，某公司与万某某之间并无建立劳动关系的合意，也未对万某某进行管理、指挥和监督，双方之间不符合劳动关系的基本法律特征，不能认定存在劳动关系。

4. 江苏省昆山市人民法院（2019）苏 0583 民初 14283 号民事判决书

从劳动者身份而言，诸如总经理等企业高管，在劳动关系认定上有特殊情形。《公司法》第 49 条规定，有限责任公司可以设经理，由董事会决定聘任或者解聘。本案昆山大锰公司公司章程也明确规定，总经理的聘任及报酬均由董事会决议决定。因此，经理参与公司经营管理源于公司董事会的聘任，该聘任合同在法律性质上属于委托合同，经理基于委托行使职权，董事会也可根据委托关系法律性质，随时解聘经理。故总经理与公司之间应属于委任合同关系。

综上，虽然司法实践中仍有部分法院根据公司与高管的具体职务约定和高管履职情况，认定总经理与公司之间建立委任合同关系，但绝大多数法院认为高管主要与公司建立劳动合同关系。

【履职指南】

高管履职除参照本书第二章“高管履职事项及指引”外，还应注意遵守《劳动法》和《劳动合同法》等相关法律的规定。

【重要问题与分析】

无。

第二节 董监高任职及离职的要点指引

三、董事、监事任职及离职的要点指引

【董事、监事任职的时间起点及其证据】

（一）董事、监事任职的时间起点

1. 非职工董事、监事

自非职工董事、监事被股东会选举为董事、监事，国有独资公司董事、监事被履行出资人职责的机构委派为董事、监事，并且经相应董事、监事同意就任之时。

2. 职工董事、监事

自职工董事/职工监事被公司职工代表大会/职工大会或其他民主形式选举为董事会职工代表/监事会职工代表，并且经相应董事、监事同意就任之时。

3. 上市公司非职工董事、监事（含内部董事和独立董事，下同）

自上市公司非职工董事、监事被股东会选举为董事、监事后，并且经相应董事、监事同意就任之时。

（二）董事、监事任职时间起点的证据

1. 非职工董事、监事

（1）公司相关股东会决议或会议记录。

（2）国有独资公司履行出资人职责的机构委派/委任董事的函。

（3）公司公布董事会成员或董事/监事会成员或监事的文件。

（4）公司将相关董事、监事的任职办理商事备案的公示信息。

2. 职工董事、监事

（1）载明职工董事或职工监事选举结果的公司职工代表大会/职工大会等会议记录。

（2）公司将职工董事/职工监事的任职办理商事备案的公示信息。

3. 上市公司非职工董事、监事

（1）公司相关股东会会议记录。

（2）公司公布董事会成员/监事会成员的公告。

（3）公司将相关董事、监事的任职办理商事备案的公示信息。

【董事、监事离职的时间起点及其证据】

（一）董事、监事离职的时间起点

1. 非职工董事、监事

（1）辞职

自非职工董事、监事书面辞职文件送达公司之日起生效。

非职工的董事、监事辞职时向下列人员或机构送达辞职通知即具有送达的法律效果：

①向法定代表人送达。

如果拟辞职董事、监事并非法定代表人，由于法定代表人依法代表公司，向法定代表人送达辞职通知即构成向公司送达。

②向公司章程或公司规章制度规定的专门人士送达。

如果拟辞职董事本人兼任公司法定代表人而不能自我通知，但公司章程或内部规章制度已经规定由专门人士正式代表公司接收通知信息的，那么向该等人士送达辞职通知。

③向公司董事会其他董事送达。

如果拟辞职董事本人兼任公司法定代表人而不能自我通知，而且公司章程或内部规章制度并未规定专人接收通知信息等，那么除非董事会另设其他专门机构或专门人员负责接收通知或信息，并且非董事会明确规定其他部门或人员负责此事，否则，应向董事会（董事长和全体董事）送达相应辞职通知，如此即构成通知公司。

归纳而言，在正常情形下，董事、监事辞职自董事、监事向法定代表人或章程规定的专人或其他董事会成员送达辞职通知之时起生效。

（2）解职

自股东会解任董事、监事的决议作出之日生效，或自一人公司股东或国有独资公司履行出资人职责的机构向公司送达关于撤销、更换委派董事、监事的通知之日生效。

但对于未出席相应股东会的董事、监事，对其解职应当自公司向相应董事、监事送达解任通知时生效。

2. 职工董事、监事

（1）辞职

自职工董事、监事书面辞职文件送达公司之日起生效（具体受送达人请参考非职工董事、监事辞职时的送达对象）。

（2）解职

自职工代表大会/职工大会作出罢免原职工董事/职工监事决议之日生效，或自职工代表大会/职工大会作出选举新的职工董事/职工监事决议之日生效。

3. 上市公司非职工董事、监事

（1）辞职

自董事、监事书面辞职文件送达公司之日起生效（具体受送达人请参考非职工董事、监事辞职时的送达对象）。

（2）解职

自股东会解任董事/监事的决议作出之日生效。

（二）董事、监事离职时间起点的证据

1. 非职工董事、监事

（1）辞职

①董事、监事向公司送达的书面辞职文件。

②送达相关辞职文件的书面方式如电子邮件、微信或 EMS 邮寄单据。

（2）解职

①公司股东会关于解聘董事、监事的股东会决议，或公司一人股东或国有独资公司履行出资人职责的机构关于撤销/更换董事、监事委派的决定（通知）。

②公司向相关董事、监事发送相应股东会决议的书面方式如电子邮件、微信或 EMS 邮寄单据。

2. 职工董事、监事

（1）辞职

①职工董事/监事向公司送达的书面辞职文件。

②送达相关辞职文件的书面方式如电子邮件、微信或 EMS 邮寄单据。

（2）解职

①职工代表大会/职工大会等作出的罢免或更换职工董事或职工监事的决议文件。

②职工代表大会/职工大会将罢免或更换职工董事或职工监事的结果通知职工董事/职工监事的方式如电子邮件、微信或 EMS 邮寄单据。

③职工代表大会/职工大会将罢免或更换职工董事或职工监事的结果通知公司董事会或监事会的方式如电子邮件、微信或 EMS 邮寄单据。

（三）董事、监事离职时间的特别规定

董事、监事任期届满未及时改选，或者董事、监事在任期内辞任导致董事会/监事会成员低于法定人数的，或导致特定董事监事的人数低于法定人数时，在改选出的董事/监事就任前，原董事/监事仍应当履行董事/监事职务。

【履职指南】

1. 董事、监事离职对其曾接受的股权激励计划的影响

一般而言，公司特别是股份有限公司都会授予其董事、高管股权激励，但也会同时要求激励对象即董事、高管在限期内（如上市前）不得离职；或

如果中途被解职，将被无偿收回或被按成本价回购激励计划所对应的股权份额。

也就是说，董事、监事离职将导致其被授予的激励股权面临无偿或低价收回的风险。

2. 董事、监事离职对其同公司之间既存的劳动关系的影响

一般而言，董事、监事离职对其同公司之间既存的劳动关系不产生影响，员工可在不继续担任董事、监事职务的情况下继续受雇于公司，从事其他职务的工作。

3. 职工董事/职工监事离职导致公司无职工董事或职工监事人数少于章程规定监事会人数的1/3时的处理

除非董事、监事离职导致剩余董事、监事人数低于法定人数，拟离任董事、监事依法需要留任外，一般董事、监事离职均无须留任也无须特别处理。

但是，如果是职工人数为300人以上的公司的职工董事/职工监事离职，导致该公司无职工董事或职工监事人数少于章程规定的监事会人数的1/3，该公司应通过职工代表大会/职工大会或其他民主形式补充新的职工董事/职工监事。

4. 及时办理董事、监事任职变化的商事备案信息涤除或变更

董事、监事离职（包括辞职和被解职）后，董事、监事可要求公司及时办理相应商事任职备案信息的变更或涤除，以免在特定情形下被公司外部债权人基于商事外观和公示信赖原则将相应董事、监事作为共同被告，要求他/她对公司未清偿债务承担相应法律责任。或因董事、监事的竞业禁止义务的存在，当离职董事或离职监事欲出任有竞争关系的其他公司的董事、监事职务时，将因其董事、监事职务的备案未涤除而使新任职公司顾虑重重。

当公司拒绝或怠于及时办理相应商事变更备案信息时，离职董事或离职监事可诉请人民法院责令公司办理相应变更或涤除的信息备案。

5. 独立董事辞职特别指南

独立董事辞职应当向董事会提交书面辞职报告，对任何与其辞职有关或者其认为有必要引起上市公司股东和债权人注意的情况进行说明。

【重要问题与分析】

问题一：

监事在任期内被解职时也可向公司主张赔偿吗？

分析：

监事在任期内被公司解职时可向公司主张赔偿。

《公司法》仅在有限责任公司章节设定了董事期前解职赔偿条款，并未规定股份有限公司的董事甚至各类公司的董事和监事在任期届满前被解任的是否有权主张赔偿。

追根溯源，有限责任公司董事在任期届满前被解职可以主张赔偿，其请求权基础来源为委托合同的解除。《民法典》第933条规定：委托人或者受托人可以随时解除委托合同。因解除合同造成对方损失的，除不可归责于该当事人的事由外，无偿委托合同的解除方应当赔偿因解除时间不当造成的直接损失，有偿委托合同的解除方应当赔偿对方的直接损失和合同履行后可以获得的利益。

基于董事、监事均与公司建立委托合同的事实，可推知无论有限责任公司还是股份有限公司，无论是董事还是监事，只要公司于期前单方解除的，均应赔偿董事、监事的经济损失，除非有证据证明董事、监事是无偿任职的。

故而，有限责任公司和股份有限公司的董事、监事在任期届满前被解职的，公司均应予以赔偿。

问题二：

公司应如何赔偿被解职董事、监事的经济损失？

分析：

公司应分别不同情形赔偿被解职董事、监事的经济损失：

（一）有薪董事、监事

若董事为有薪董事、监事，则双方之间为有偿委托合同，根据《民法典》第933条的规定，仅在解除合同给对方造成损失的情况下，公司作为解除方才应赔偿对方直接损失和履行后的可得利益。

一般而言，对于董事、监事来说，公司解职所造成的直接损失，一般为已履职期间尚未收到的董事、监事报酬；至于可得利益，为继续就任董事、监事本可以取得剩余任期内董事、监事报酬，但也应相应扣除董事、监事为履职而支付的合理开支（如有），剩余部分才是可得利益。一般情况下，可得利益可按剩余任期内的董事、监事报酬确定。

（二）无薪董事、监事

若董事、监事为无薪董事、监事，则双方是无偿委托合同，根据《民法典》第933条的规定，若解除合同给对方造成损失的，公司作为解除方仅应赔偿解除时间不当而给对方造成的损失。除非特别情形出现，一般情形下，公司向对方主张解除均不会给对方造成时间不当所致的损失，故而一般不会产生相应损失。

（三）兼职情形

若董事、监事还兼与公司建立劳动合同关系，且公司向其支付的劳动报酬中实际包含了相应董事、监事的工作酬劳，则此种董事、监事被解职时，其与公司之间按劳动合同应享有的权利不受影响，除此之外，还应根据董事、监事兼职对公司的付出，按其劳动报酬的一定比例给付一定的补偿，作为其直接损失，如此，方为公平。

四、高管任职及离职的要点指引

【高管任职的时间起点及其证据】

（一）高管任职的时间起点

自公司或董事会授权代表向高管送达聘任书状并经高管接受任命之时，或自高管与公司签署相应任职的劳动合同之日，二者以较早者为准。

（二）高管任职时间起点的证据

1. 公司相关选聘高管的董事会决议。

2. 公司公布高管的文件。

3. 公司将相关高管的任职办理商事备案的公示信息。

【高管离职的时间起点及其证据】

（一）高管离职的时间起点

1. 经理离职

（1）辞职

自经理书面辞职文件送达公司之日起生效。

经理辞职时应向下列人员或机构送达辞职通知即具有向公司送达的法律效果：

①向法定代表人送达。

如果拟辞职经理并非法定代表人，由于法定代表人依法代表公司，那么向法定代表人送达辞职通知即构成向公司送达。

②向公司章程或公司规章制度规定的专门人士送达。

如果拟辞职经理本人兼任公司法定代表人而不能自我通知，但公司章程或内部规章制度已经规定由专门人士正式代表公司接收通知信息，那么向该等人士送达辞职通知。

③向公司董事会其他董事送达。

如果拟辞职经理本人兼任公司法定代表人而不能自我通知，而且公司章程或内部规章制度并未规定专人接收通知信息等，那么除非董事会另设其他专门机构或专门人员负责接收通知或信息，董事会明确规定其他部门或人员负责此事，否则，应向董事会（董事长和全体董事）送达相应辞职通知，如此即构成通知公司。

归纳而言，正常情形下，经理辞职自经理向法定代表人或章程规定的专人或其他董事会成员送达辞职通知之时起生效。

（2）解职

自董事会解任经理的通知送达经理之时生效。

2. 其他高管离职

(1) 辞职

自其他高管书面辞职文件送达经理之时起生效。

公司其他高管是经理提名后经董事会聘任的，向经理提出辞职等同于向其上级主管提出辞职，也等同于向公司提出辞职。

(2) 解职

自董事会解任高管的通知作出之日生效。

如果相应高管没有列席董事会，那么自董事会解任高管的通知送达高管之时生效。

(二) 高管离职时间起点的证据

1. 经理

(1) 辞职

①经理向法定代表人、公司专门指定的人或董事长/董事送达的书面辞职文件。

②送达相关辞职文件的书面方式如电子邮件、微信或 EMS 邮寄单据。

(2) 解职

①公司董事会关于解聘经理的董事会决议、公司关于解任经理的通知。

②公司向相关经理发送相应解任通知的书面方式如电子邮件、微信或 EMS 邮寄单据。

2. 其他高管

(1) 辞职

①其他高管向经理送达的书面辞职文件。

②送达相关辞职文件的书面方式如电子邮件、微信或 EMS 邮寄单据。

(2) 解职

①公司董事会关于解聘高管的董事会决议、公司关于解任高管的通知。

②公司向相关高管发送相应解任通知的书面方式如电子邮件、微信或 EMS 邮寄单据。

【履职指南】

1. 高管离职与经济补偿/经济赔偿

高管离职时公司应否支付经济补偿/经济赔偿以及支付金额，按《劳动法》《劳动合同法》的相关规定执行。

2. 高管离职对其曾接受的股权激励的影响

一般而言，公司特别是股份有限公司都会授予其高管股权激励，但也会同时要求激励对象即高管在限期内（如上市前）不得离职；或如果高管中途被解职，将被无偿收回或被按成本价回购激励计划所对应的股权份额。

也就是说，高管离职将导致他/她被授予的激励股权面临被无偿或低价收回的风险。

3. 高管离职/调职对其同公司之间既存的劳动关系的影响

一般而言，高管离职时其与公司之间的劳动关系即告终止。

但如果高管职务被罢免或调整的同时，他/她与公司仍同意按新的职务继续劳动关系，双方可在调整原劳动合同中的岗位或薪酬等事项后继续劳动合同关系。

4. 及时办理高管任职变化的商事备案信息涤除或变更

高管离职（包括辞职和被解职）后，可要求公司及时办理相应商事任职备案信息的变更或涤除，以免在特定情形下被公司外部债权人基于商事外观和公示信赖原则作为共同被告，要求相应高管对公司未清偿债务承担相应法律责任。因高管的竞业禁止义务的存在，当高管欲出任有竞争关系的其他公司高管职务时，将因他/她在先的高管职务的备案未涤除而使新任职公司顾虑重重。

当公司拒绝或怠于及时办理相应商事变更备案信息时，高管可诉请人民法院责令公司办理相应变更或涤除的信息备案。

【重要问题与分析】

问题：

董事会对高管罢职降薪的决议对高管能否直接产生法律效力？

分析：

在公司与作为高级职员的高管已经签署了劳动合同的基础上，公司董事会决议有权决定罢免高管的职务以及停止按高管对应的原薪酬标准支付薪酬。但是，相关当事人到底应该解雇与否，到底应该领取什么标准的薪酬，却不是董事会所能决定的。

《公司法》第67条第2款关于高管的选任和罢免职责的规定如下：董事会行使下列职权……决定聘任或者解聘公司经理及其报酬事项，并根据经理的提名决定聘任或者解聘公司副经理、财务负责人及其报酬事项。

据此，董事会虽然有权决定相关当事人能否担任高管及其作为高管的薪酬事项，但是无权决定相关当事人在被确定不担任高管后是否需要继续被聘担任公司除高管职务外的其他普通职务，以及在其同意担任普通职务时的薪酬标准。相关当事人在被罢免高管职务后是否愿意继续担任公司非高管职务以及此后的薪酬标准应由公司与相关当事人作为劳动合同双方协商确定。

如果双方能就新的职位和新的薪酬标准重新达成一致，可另行签订劳动合同，对原劳动合同予以变更；如果双方无法就新职位或新薪酬达成一致，只能视为用人单位解除原劳动合同。

参考案例：北京市第二中级人民法院（2021）京02民终9905号民事判决书

科技公司董事会于2019年12月31日决议免去隋某副总经理职务及停发对应高管薪酬，科技公司于2020年4月30日通知隋某将隋某月工资标准由35000元调整为5500元。

其后，隋某以科技公司“没有按照劳动合同的约定支付工资”为由，声称被迫与科技公司解除劳动合同，要求科技公司支付其工资差额及解除劳动合同经济补偿金。

科技公司辩称：根据公司法、公司章程、公司薪酬管理办法的规定以及劳动合同的约定，隋某在业绩承诺期没有实现业绩承诺，公司有权调整隋某的岗位和工资标准。由于隋某已不再担任高管职务，无须支付工资差额及解除劳动合同经济补偿金。

北京市大兴区人民法院经审理认为：本案属于劳动争议纠纷，用人单位与劳动者协商一致，方可变更劳动合同约定的内容。

即便董事会有权决定或调整副总经理的工资标准并符合公司法和公司章程的规定，也属于公司内部作出的单方决定，但如欲对劳动者发生对外效力，仍须以双方协商一致为前提。

科技公司单方调整隋某的月工资标准的做法，不符合其公司薪酬管理办法的有关规定，双方亦未就业绩承诺的达成情况与隋某的月工资标准具有关联性进行约定。故科技公司单方调整隋某月工资标准不具有合法性和合理性，不应对隋某发生法律效力，隋某的月工资标准仍应为35000元。遂判决支持隋某的诉讼请求。

一审判决后，科技公司不服，上诉请求改判不支付隋某工资差额及解除劳动合同经济补偿金。

北京市第二中级人民法院经审理认为：科技公司于2020年4月通知隋某月薪调整为5500元，并未与隋某协商取得一致意见。固然董事会可以依据公司法的规定行使聘用或解聘总经理、副总经理等高级管理人员的权利，但同时，科技公司与隋某之间的权利义务应受劳动法律法规的约束。

确定隋某的新任职位以及调整隋某薪酬标准属于双方劳动合同履行过程中的重大变更，依法仍应由双方协商确定，科技公司单方确定的，应具备合法性及合理性。科技公司单方降级降薪未取得隋某的接受和认可，亦未充分举证证明合理性。

北京市第二中级人民法院遂依法判决驳回上诉，维持原判。

附录1　董事、监事、高管履职常用文书

董事、监事、高管在《公司法》规制下的履职过程中，为了体现勤勉尽责而证据留痕，可能会频繁使用下述公文（详见附录1－1至附录1－22）。

附录1－1　提请董事会审查股东实缴出资函

提请董事会审查股东实缴出资函

××公司董事会暨××董事长：

本公司成立至今，××股东（填写股东姓名或名称）认缴出资的期限已于20××年××月××日届满，请依法对××股东是否实缴出资的情况（包括出资额、出资方式、出资时间及出资凭证等）进行审查，并将审查结果向各位董事通报。

顺颂

商祺！

××（董事签名）

20××年××月××日

此件以各位董事的公司邮箱地址为收件地址抄送各位董事。

附录1－2　提请召开董事会议决有关审查股东实缴出资事宜的函

提请召开董事会议决有关审查股东实缴出资事宜的函

××公司董事长：

本公司成立至今，××股东(填写股东姓名或名称) 认缴出资的期限已于20××年××月××日届满。

请尽快召开临时董事会，对有关审查××股东出资事宜进行议决，并根据相应董事会决议指派董事对××股东是否实缴出资的情况（包括出资额、出资方式、出资时间及出资凭证等）进行审查，并将审查结果向各位董事通报。

顺颂

商祺!

××（董事签名）

20××年××月××日

此件发送至董事长的公司邮箱地址。

附录1-3　提请董事会催缴股东出资函

提请董事会催缴股东出资函

××公司董事会暨××董事长：

本公司××股东(填写股东姓名或名称)认缴出资的期限已于20____年××月××日届满，经董事会审查，××股东至今仍未实缴出资。根据《公司法》和本公司章程的规定，请及时召集主持董事会以讨论和形成有关催缴该股东实缴出资的决议，以公司名义催促××股东在宽限期内足额完成实缴出资，并将宽限期届满后××股东是否足额完成实缴出资的审查结果向全体董事通报，在此基础上召集临时董事会以表决××股东的失权除名事项。

顺颂

商祺!

××（董事签名）

20××年××月××日

此件以各位董事的公司邮箱地址为收件地址抄送各位董事。

附录1－4　股东失权/除名通知

股东失权/除名通知

××股东(填写股东姓名或名称)：

贵股东未按认缴出资期限（章程记载为20××年××月××日前）实缴出资，经本公司于20××年××月××日书面催缴，贵股东在本公司给予的宽限期（60天）内仍未实缴出资。

经公司20××年第×次临时董事会决议通过，贵股东对于上述仍未实缴的出资额丧失相应的股东权利。贵股东已实缴取得的本公司股权不受影响。

贵股东对前述股权的丧失自本通知发出之日起生效。

贵股东丧失前述股权后，本公司将于6个月内对相应股权（注册资本额）依法进行减资或由现有股东即时实缴相应出资后受让持有。

贵股东对失权有异议的，可自接到本失权通知之日起三十日内，向人民法院提起诉讼。但在生效裁判作出并送达本公司之前，不影响本公司对前述失权股权的处置。

顺颂

商祺！

××公司

20××年××月××日

此件以EMS送达××股东在章程中确认的收件地址，并以电子邮件的方式抄送至××股东被分配使用的公司邮箱地址。

附录 1-5 董事履职年度报告

董事履职年度报告

××公司股东会/监事会：

本人于20××年××月××日被聘任为公司董事，任期自20××年××月××日起至20××年××月××日止共3年。

现根据股东会/监事会/××监事的要求，就上一年度的履职情况向公司报告如下：

一、上一年度共出席×次董事会会议并全部参与表决，无一次缺席，无一次弃权；

二、上一年度受董事会授权，代表董事会/公司参与项目谈判共×次，完成××、××等项目的最终成功签约；

三、上一年度受董事长委托/董事会委托，召集和主持第×次和第×次股东会，顺利通过股东会的各项决议；

四、上一年度受董事长委托/董事会委托，代表董事会制定××制度等共×宗规章制度并获股东会表决通过；

五、其他________。

本人特别承诺上述报告内容真实无虚。

顺颂

商祺！

××（董事签名）

20××年××月××日

附录1－6　股东临时提案审查结果反馈函

股东临时提案审查结果反馈函

××股东（填写股东姓名或名称）：

贵股东于20××年××月××日向公司董事会提交的临时股东会提案已收悉。

根据法律和公司章程的规定，经董事会审查，现将贵股东的临时提案的审查结果反馈如下：

一、贵股东单独或者与××股东等×位股东合计持有公司百分之一（1%）以上股份，贵股东具有提出临时提案的合法资格；

二、贵股东于20××年××月××日以电子邮件/书面方式向董事会提出临时股东会提案，提案有明确议题和具体决议事项，贵股东临时提案的提交时间、提交方式和内容合乎法律和章程规定；

三、贵股东的临时提案经审查属于股东会的职权范围的议决事项，且不违反法律、行政法规或者公司章程的规定，为有效提案。

为此，公司正式通知贵股东，贵股东的临时提案将列入20××年第×届第×次临时股东会的议案进行表决。

特此通知。

××公司

20××年××月××日

附录1-7 关联交易申报函/表

关联交易申报函/表

公司股东会/董事会：

公司因经营管理业务需要，拟与××公司签署合同，向其采购/销售××商品/服务。

因××公司与本人存在关联关系，根据法律和本公司章程的规定，本人现向□董事会/□股东会如实申报：

1. 交易主体与本人之间的关联关系：

A. ××公司系本人□全资持有/□控股持有/□参股持有（持股比例为×%）/□担任董事长或执行董事/□担任总经理/□担任法定代表人/□担任其他董监高如××职务的公司；

B. ××公司系本人□配偶/□父母/□子女/□其他近亲属有前述A项所述关联关系的公司；

C. 本人□控制/□投资/□任职/□其他影响下的AA公司与××公司具有直接或间接的控制关系或关联关系；

D. ××公司与本人的关联关系为：________________________________。

2. 交易主体情况：

××公司（全称）

控股股东/实际控制人：××

有无被列入失信被执行人：□有；□无；

有无涉及金额100万元以上的诉讼/仲裁事项：□有；□无。

3. 交易要点：

交易金额：××万元；

市场同类商品/服务的交易价格：××万元；

付款方式：一次性/分×次付款，详情为：________；

对方有无履约担保：□有；□无。

4. 关联交易的必要性和公允性：

A. 关联交易对公司的利益：□有；□无；

若有，利益为：________；

B. 关联交易是否公允：□是；□否。

上述关联交易请公司董事会/股东会根据章程确定的权限予以议决。

本人承诺，将严格执行公司决议结果，根据公司决议结果以决定是否进行上述关联交易。

本人特别承诺上述申报内容真实无虚。

顺颂

商祺！

××（董事签名）

20××年××月××日

附录1-8 关联事项回避表决告知函

关联事项回避表决告知函

公司股东会/董事会：

本人因与××公司存在关联关系，对于公司拟与××公司交易/投资项目的董事会表决，根据法律和本公司章程的规定，现决定本人依法回避出席与该关联交易相关的董事会并回避表决，且本人的表决权不计入表决权总数。

□（可据实选择此项）同时，由于本人的缺席致使出席董事会会议的无关联关系董事人数不足三人，根据法律规定，本项关联交易的议案应当提交股东会审议。

顺颂

商祺！

××（董事签名）

20××年××月××日

附录1－9　股权转让中优先购买权征求意见函

股权转让中优先购买权征求意见函

各位股东：

本人拟将本人名下持有的公司××%股权对外转让。股权转让交易的主要条款如下：

1. 转让标的：公司××%股权（对应认缴出资额××万元，实缴出资额××万元）；

2. 转让价格：××万元；

3. 付款方式及期限：□签约后一次性付款/□分两期付款：首期预付A%，剩余部分待标的股权过户后付讫。

请各位股东充分考虑以上交易详情后决定是否对本次股权转让行使优先购买权，若股东决定行使优先购买权，请于收到本通知后10日内反馈本人知悉；若本人在本函发出后30日内未收到反馈，依法视为各股东放弃行使优先购买权，本人将依法与相对方进行转让交割。

本人特别承诺上述申报内容真实无虚。

顺颂

商祺！

××（股东签名/盖章）

20××年××月××日

附录1－10　股权转让通知函

股权转让通知函

××公司（目标公司）：

本股东已与××（受让方姓名/公司全称）签署股权转让合同并确认公司其他股东均已放弃行使优先购买权。

现本股东正式通知公司，请□将本股东的姓名/名称从股东名册中移出/□将本股东的持股份额变更为A1%（出资额为B1万元），并将××（受让方姓名/公司全称）登记入股东名册，其名下股权份额为A2%（出资额为B1万元），并请依法为××（受让方姓名/公司全称）办理商事变更登记。

顺颂

商祺！

××（股东签名/盖章）

20××年××月××日

附录1－11　董事留任通知函

董事留任通知函

××董事(已离职但需留守任职的董事)：

您的董事职务因□辞职/□任期届满原因已解除，但因您离任后公司现存董事人数不足3人，依法您必须暂时留任董事。

您留任董事期间自您□辞职/□任期届满之日起至新的董事产生并就任之日止。公司承诺尽快依法依章程产生新的董事以接替您的留守任职。

留守任职期间，您依法仍应如常遵守法律和公司章程关于董事责任和义务的规定。公司也将如数支付您留守任职期间的报酬。

特此通知。

××公司

20××年××月××日

附录1－12　国有独资公司董事兼职申请函

国有独资公司董事兼职申请函

××公司(指国有独资公司) 履行出资人职责的机构/××国有资产监督管理委员会（全称)：

本人系□由××国有资产监督管理委员会委派产生/□由公司职工代表大会选举产生的职工代表出任的公司董事（职工董事)，或本人系由公司董事会聘任的□经理/□财务负责人。任期自20××年××月××日至20××年××月××日。

现根据□上级公司/□集团公司/□贵机构/□公司董事会要求本人兼任××公司□董事□监事□经理等职务的决定，本人特向贵机构提出书面申请，请准予本人的上述兼职任职为感！

顺颂

商祺！

××（董事/高管签名）

20××年××月××日

附录1－13　利益冲突商业机会使用申请函

利益冲突商业机会使用申请函

××公司董事会/股东会：

公司已于20××年取得××项目的谈判权/开发权/经营权（以下简称商业机会），但一直未进行开发经营。

为最大限度利用资源，本人拟以□本人自己持有的××公司/□本人实际控制下的××公司/□与本人有利益关系的他人名下的××公司为主体，争取实施前述商业机会。

为此，根据法律和公司章程的规定，特向公司□董事会/□股东会申报。若公司□董事会/□股东会决议同意□无条件/□附条件由××公司争取或实施上述商业机会，本人将根据公司决议和所附条件争取实施前述商业机会，并促使××公司与本公司签署合同和支付前述条件约定的利益。

特此申请！

顺颂

商祺！

××（董事/高管签名）

20××年××月××日

附录1－14　同业经营申报及申请函

同业经营申报及申请函

公司□股东会/□董事会：

现将本人可能涉及同业经营事项向公司申报如下：

一、本人在任职公司现职前，曾□自营/□为他人经营了一家AA公司。

AA公司主营业务和经营管理情况为：

公司名称：

经营范围：

主营业务：

本人在该公司任职情况：专职担任该公司□董事/□经理/□副经理/□财务负责人/□技术研发人等至今。

二、本人拟于近期□自营/□为他人经营一家BB公司。

BB公司主营业务和经营管理情况为：

公司名称：

经营范围：

主营业务：

本人拟在该公司任职情况：兼职担任公司□董事/□经理/□副经理/□财务负责人/□技术研发人等。

现根据法律和本公司章程的规定，本人专此向□董事会/□股东会如实申报上述同业经营信息；并请公司□股东会/□董事会就本人的上述任职或拟任职情况作出决议。本人将根据公司决议决定是否继续上述同业竞争关系。

本人特别承诺上述申报内容真实无虚。

顺颂

商祺！

××（董监高签名）

20××年××月××日

附录1－15 提请追缴抽逃出资通知函

提请追缴抽逃出资通知函

公司董事会暨董事长：

经审查，××股东于20××年××月××日通过□虚假交易/□挂账的方式，将公司资金××万元转出至□该股东自己账户/□该股东控制的他人账户。××股东的上述行为构成抽逃出资。

为维护公司财产不受侵害，保护公司和全体股东的合法权益，根据法律和公司章程的规定，现书面提请董事会，请及时督促××股东立即将所抽逃的出资款××万元返还至公司原账户。

顺颂

商祺！

××（董事签名）

20××年××月××日

附录1－16　追缴抽逃出资通知函

追缴抽逃出资通知函

××股东(填写股东姓名或名称)：

经审查，贵股东于20××年××月××日通过□虚假交易/□挂账的方式，将公司资金××万元转出至□贵股东自己账户/□贵股东控制的他人账户。贵股东的上述行为构成抽逃出资。

根据法律和公司章程的规定，经董事会决议通过，现敦促贵股东于收到本函后7日内将非法抽逃的出资款××万元及时返还至公司原账户。逾期不返还的，本公司将通过司法诉讼途径要求贵股东返还。

顺颂

商祺!

××（公司盖章）

20××年××月××日

附录1－17　重大敏感交易责令澄清通知函

重大敏感交易责令澄清通知函

××股东(填写股东姓名或名称)：

经审查，贵股东于20××年××月××日通过向财务部门提交合同等交易凭据的方式，将公司资金××万元转出至AA公司账户，但AA公司并未向公司交付任何货物或商品。

公司怀疑上述交易为虚假交易以抽逃出资，经董事会决议通过，现责令贵股东于收到此函后3日内向公司董事会提交书面说明，澄清相关交易实情，并附相应证据待查。逾期不予说明的，将视为虚假交易抽逃出资，董事会将根据授权采取法律诉讼途径予以追缴。

顺颂

商祺!

××（公司盖章）

20××年××月××日

附录 1－18　返还违法违规分配利润/违法违规减资所得财产通知书

返还违法违规分配利润/违法违规减资所得财产通知书

××股东(填写股东姓名或名称)：

贵股东于20××年××月××日通过利润分配/减资方式，从公司分配取得共××万元的资金。

经审查，上述财产取得存在□未弥补往年亏损/□未提取法定公积金/□无股东会决议等非法分配利润情形；或存在□无减资股东会决议/□未通知公告债权人并提前偿债等非法减资等情形，依法应予追缴。

根据法律和公司章程的规定，现责令你们于收到本通知书后3日内将违法违规分配所得或减资所得的财物或资金立即全额返还给公司。否则，给公司造成损失的，还将赔偿公司的相应损失。

特此通知！

××（公司盖章）

20××年××月××日

附录1－19　董监高股份持有/变化申报表

董监高股份持有/变化申报表

××公司：

现将本人作为□董事/□监事/□高管对公司股份的持有及变化等情况向公司如实申报如下：

一、本人目前持有公司股份的数量为××万股。

二、本人初始持有公司股份的数量为××万股，初始持股时间为20××年××月××日，取得方式为认购定向增资/股权转让。

三、自本人初始持有公司股份至今，发生的持股数量和股份状态变化如下：

1. 20××年××月××日增加持股××万股：由原来的××万股变更为YY万股；

2. 20××年××月××日减少持股××万股：由原来的YY万股变更为ZZ万股。

本人特别承诺上述申报内容真实无虚。

顺颂

商祺！

××（董监高签名）

20××年××月××日

附录1-20　组建清算组的通知

组建清算组的通知

董事长/各董事：

公司已于20××年××月××日因□决议解散/□判决解散/□被撤销等原因而依法应当进行清算。

根据法律和公司章程的规定，董事为公司的清算义务人，应当于法定事由发生日起15日内及时组建清算组对公司进行清算。

为此，特通知各位董事依法立即组建清算组，依法对公司进行清算。

顺颂

商祺！

××（董事签名）

20××年××月××日

此件以EMS送达董事会各董事被分配使用的公司邮箱地址。

附录1－21　股东会关于清算组相关事项的决议

股东会关于清算组相关事项的决议

根据法律和公司章程的规定，经董事会召集并由董事长×××主持，××公司于20××年××月××日在公司会议室召开20××年第×届第×次临时股东会，讨论和决定公司清算组的成员名单及清算规则等相关事宜。股东会应到股东×位，实到股东×人，代表有表决权股权总数的100%。会议对于成立清算组以及清算组的成员名单及清算规则等议案形成如下决议：

一、公司自即日起成立清算组，由×××、CCC和VVV三位董事（或加上××律师/××总经理）组成清算组，×××担任清算组组长。

二、自即日起，同意清算组组长×××申请刻制本公司清算组公章，由清算组代表公司处理债权债务事宜，公司不再进行业务活动；董事会的经营管理职责自即日起由清算组代替执行。

三、通过清算组议事规则和清算规则。

股东签名/盖章：

××（公司盖章）

20××年××月××日

附录1－22　清算组接收账册资产交接表

清算组接收账册资产交接表

20××年××月××日，公司清算组组长代表清算组与公司董事长代表董事会，对公司的财务报表账册以及公司资产进行了清点和审查，清算组对附件所列的账册和资产逐一予以接收，双方在公司会议室对于资产账册的交接事宜特此签名确认。

资产账册交付方：董事会

代表：董事长（签名）：

资产账册接收方：清算组

代表：清算组组长（签名）：

20××年××月××日

附录2　相关法律条文

《公司法》（节录）

第二十二条　公司的控股股东、实际控制人、董事、监事、高级管理人员不得利用关联关系损害公司利益。

违反前款规定，给公司造成损失的，应当承担赔偿责任。

第二十六条　公司股东会、董事会的会议召集程序、表决方式违反法律、行政法规或者公司章程，或者决议内容违反公司章程的，股东自决议作出之日起六十日内，可以请求人民法院撤销。但是，股东会、董事会的会议召集程序或者表决方式仅有轻微瑕疵，对决议未产生实质影响的除外。

未被通知参加股东会会议的股东自知道或者应当知道股东会决议作出之日起六十日内，可以请求人民法院撤销；自决议作出之日起一年内没有行使撤销权的，撤销权消灭。

第三十四条　公司登记事项发生变更的，应当依法办理变更登记。

公司登记事项未经登记或者未经变更登记，不得对抗善意相对人。

第五十一条　有限责任公司成立后，董事会应当对股东的出资情况进行核查，发现股东未按期足额缴纳公司章程规定的出资的，应当由公司向该股东发出书面催缴书，催缴出资。

未及时履行前款规定的义务，给公司造成损失的，负有责任的董事应当承担赔偿责任。

第五十二条　股东未按照公司章程规定的出资日期缴纳出资，公司依照前条第一款规定发出书面催缴书催缴出资的，可以载明缴纳出资的宽限期；宽限期自公司发出催缴书之日起，不得少于六十日。宽限期届满，股东仍未履行出资义务的，公司经董事会决议可以向该股东发出失权通知，通知应当以书面形式发出。自通知发出之日起，该股东丧失其未缴纳出资的股权。

依照前款规定丧失的股权应当依法转让，或者相应减少注册资本并注销该股权；六个月内未转让或者注销的，由公司其他股东按照其出资比例足额缴纳相应出资。

股东对失权有异议的，应当自接到失权通知之日起三十日内，向人民法院提起诉讼。

第五十三条 公司成立后，股东不得抽逃出资。

违反前款规定的，股东应当返还抽逃的出资；给公司造成损失的，负有责任的董事、监事、高级管理人员应当与该股东承担连带赔偿责任。

第六十二条 股东会会议分为定期会议和临时会议。

定期会议应当按照公司章程的规定按时召开。代表十分之一以上表决权的股东、三分之一以上的董事或者监事会提议召开临时会议的，应当召开临时会议。

第六十三条 股东会会议由董事会召集，董事长主持；董事长不能履行职务或者不履行职务的，由副董事长主持；副董事长不能履行职务或者不履行职务的，由过半数的董事共同推举一名董事主持。

董事会不能履行或者不履行召集股东会会议职责的，由监事会召集和主持；监事会不召集和主持的，代表十分之一以上表决权的股东可以自行召集和主持。

第六十四条 召开股东会会议，应当于会议召开十五日前通知全体股东；但是，公司章程另有规定或者全体股东另有约定的除外。

股东会应当对所议事项的决定作成会议记录，出席会议的股东应当在会议记录上签名或者盖章。

第六十八条 有限责任公司董事会成员为三人以上，其成员中可以有公司职工代表。职工人数三百人以上的有限责任公司，除依法设监事会并有公司职工代表的外，其董事会成员中应当有公司职工代表。董事会中的职工代表由公司职工通过职工代表大会、职工大会或者其他形式民主选举产生。

董事会设董事长一人，可以设副董事长。董事长、副董事长的产生办法由公司章程规定。

第六十九条 有限责任公司可以按照公司章程的规定在董事会中设置由董事组成的审计委员会，行使本法规定的监事会的职权，不设监事会或者监事。公司董事会成员中的职工代表可以成为审计委员会成员。

第七十条 董事任期由公司章程规定，但每届任期不得超过三年。董事任期届满，连选可以连任。

董事任期届满未及时改选，或者董事在任期内辞任导致董事会成员低于法定人数的，在改选出的董事就任前，原董事仍应当依照法律、行政法规和公司章程的规定，履行董事职务。

董事辞任的，应当以书面形式通知公司，公司收到通知之日辞任生效，但存在前款规定情形的，董事应当继续履行职务。

第七十一条 股东会可以决议解任董事，决议作出之日解任生效。

无正当理由，在任期届满前解任董事的，该董事可以要求公司予以赔偿。

第七十二条 董事会会议由董事长召集和主持；董事长不能履行职务或者不履行职务的，由副董事长召集和主持；副董事长不能履行职务或者不履行职务的，由过半数的董事共同推举一名董事召集和主持。

第七十四条 有限责任公司可以设经理，由董事会决定聘任或者解聘。

经理对董事会负责，根据公司章程的规定或者董事会的授权行使职权。经理列席董事会会议。

第七十六条 有限责任公司设监事会，本法第六十九条、第八十三条另有规定的除外。

监事会成员为三人以上。监事会成员应当包括股东代表和适当比例的公司职工代表，其中职工代表的比例不得低于三分之一，具体比例由公司章程规定。监事会中的职工代表由公司职工通过职工代表大会、职工大会或者其他形式民主选举产生。

监事会设主席一人，由全体监事过半数选举产生。监事会主席召集和主持监事会会议；监事会主席不能履行职务或者不履行职务的，由过半数的监事共同推举一名监事召集和主持监事会会议。

董事、高级管理人员不得兼任监事。

第七十七条 监事的任期每届为三年。监事任期届满，连选可以连任。

监事任期届满未及时改选，或者监事在任期内辞任导致监事会成员低于法定人数的，在改选出的监事就任前，原监事仍应当依照法律、行政法规和公司章程的规定，履行监事职务。

第七十八条 监事会行使下列职权：

（一）检查公司财务；

（二）对董事、高级管理人员执行职务的行为进行监督，对违反法律、行政法规、公司章程或者股东会决议的董事、高级管理人员提出解任的建议；

（三）当董事、高级管理人员的行为损害公司的利益时，要求董事、高级管理人员予以纠正；

（四）提议召开临时股东会会议，在董事会不履行本法规定的召集和主持股东会会议职责时召集和主持股东会会议；

（五）向股东会会议提出提案；

（六）依照本法第一百八十九条的规定，对董事、高级管理人员提起诉讼；

（七）公司章程规定的其他职权。

第七十九条 监事可以列席董事会会议，并对董事会决议事项提出质询或者建议。

监事会发现公司经营情况异常，可以进行调查；必要时，可以聘请会计师事务所等协助其工作，费用由公司承担。

第八十条 监事会可以要求董事、高级管理人员提交执行职务的报告。

董事、高级管理人员应当如实向监事会提供有关情况和资料，不得妨碍监事会或者监事行使职权。

第八十一条 监事会每年度至少召开一次会议，监事可以提议召开临时监事会会议。

监事会的议事方式和表决程序，除本法有规定的外，由公司章程规定。

监事会决议应当经全体监事的过半数通过。

监事会决议的表决，应当一人一票。

监事会应当对所议事项的决定作成会议记录，出席会议的监事应当在会议记录上签名。

第一百零六条 董事会应当授权代表，于公司成立大会结束后三十日内向公司登记机关申请设立登记。

第一百一十四条 股东会会议由董事会召集，董事长主持；董事长不能履行职务或者不履行职务的，由副董事长主持；副董事长不能履行职务或者不履行职务的，由过半数的董事共同推举一名董事主持。

董事会不能履行或者不履行召集股东会会议职责的，监事会应当及时召集和主持；监事会不召集和主持的，连续九十日以上单独或者合计持有公司百分之十以上股份的股东可以自行召集和主持。

单独或者合计持有公司百分之十以上股份的股东请求召开临时股东会会议的，董事会、监事会应当在收到请求之日起十日内作出是否召开临时股东会会议的决定，并书面答复股东。

第一百一十五条 召开股东会会议，应当将会议召开的时间、地点和审议的事项于会议召开二十日前通知各股东；临时股东会会议应当于会议召开十五日前通知各股东。

单独或者合计持有公司百分之一以上股份的股东，可以在股东会会议召开十日前提出临时提案并书面提交董事会。临时提案应当有明确议题和具体决议事项。董事会应当在收到提案后二日内通知其他股东，并将该临时提案提交股东会审议；但临时提案违反法律、行政法规或者公司章程的规定，或者不属于股东会职权范围的除外。公司不得提高提出临时提案股东的持股比例。

公开发行股份的公司，应当以公告方式作出前两款规定的通知。

股东会不得对通知中未列明的事项作出决议。

第一百一十九条 股东会应当对所议事项的决定作成会议记录，主持人、出席会议的董事应当在会议记录上签名。会议记录应当与出席股东的签名册及代理出席的委托书一并保存。

第一百二十条 股份有限公司设董事会，本法第一百二十八条另有规定的除外。

本法第六十七条、第六十八条第一款、第七十条、第七十一条的规定，适用于股份有限公司。

第一百二十一条 股份有限公司可以按照公司章程的规定在董事会中设置由董事组成的审计委员会，行使本法规定的监事会的职权，不设监事会或者监事。

审计委员会成员为三名以上，过半数成员不得在公司担任除董事以外的其他职务，且不得与公司存在任何可能影响其独立客观判断的关系。公司董事会成员中的职工代表可以成为审计委员会成员。

审计委员会作出决议，应当经审计委员会成员的过半数通过。

审计委员会决议的表决，应当一人一票。

审计委员会的议事方式和表决程序，除本法有规定的外，由公司章程规定。

公司可以按照公司章程的规定在董事会中设置其他委员会。

第一百二十二条 董事会设董事长一人，可以设副董事长。董事长和副董事长由董事会以全体董事的过半数选举产生。

董事长召集和主持董事会会议，检查董事会决议的实施情况。副董事长协助董事长工作，董事长不能履行职务或者不履行职务的，由副董事长履行职务；副董事长不能履行职务或者不履行职务的，由过半数的董事共同推举一名董事履行职务。

第一百二十三条 董事会每年度至少召开两次会议，每次会议应当于会议召开十日前通知全体董事和监事。

代表十分之一以上表决权的股东、三分之一以上董事或者监事会，可以提议召开临时董事会会议。董事长应当自接到提议后十日内，召集和主持董事会会议。

董事会召开临时会议，可以另定召集董事会的通知方式和通知时限。

第一百二十四条 董事会会议应当有过半数的董事出席方可举行。董事会作出决议，应当经全体董事的过半数通过。

董事会决议的表决，应当一人一票。

董事会应当对所议事项的决定作成会议记录，出席会议的董事应当在会议记录上签名。

第一百二十五条 董事会会议，应当由董事本人出席；董事因故不能出席，可以书面委托其他董事代为出席，委托书应当载明授权范围。

董事应当对董事会的决议承担责任。董事会的决议违反法律、行政法规或者公司章程、股东会决议，给公司造成严重损失的，参与决议的董事对公司负赔偿责任；经证明在表决时曾表明异议并记载于会议记录的，该董事可以免除责任。

第一百二十六条 股份有限公司设经理，由董事会决定聘任或者解聘。

经理对董事会负责，根据公司章程的规定或者董事会的授权行使职权。经理列席董事会会议。

第一百二十九条 公司应当定期向股东披露董事、监事、高级管理人员从公司获得报酬的情况。

第一百三十条 股份有限公司设监事会，本法第一百二十一条第一款、第一百三十三条另有规定的除外。

监事会成员为三人以上。监事会成员应当包括股东代表和适当比例的公司职工代表，其中职工代表的比例不得低于三分之一，具体比例由公司章程规定。监事会中的职工代表由公司职工通过职工代表大会、职工大会或者其他形式民主选举产生。

监事会设主席一人，可以设副主席。监事会主席和副主席由全体监事过半数选举产生。监事会主席召集和主持监事会会议；监事会主席不能履行职务或者不履行职务的，由监事会副主席召集和主持监事会会议；监事会副主席不能履行职务或者不履行职务的，由过半数的监事共同推举一名监事召集和主持监事会会议。

董事、高级管理人员不得兼任监事。

本法第七十七条关于有限责任公司监事任期的规定，适用于股份有限公司监事。

第一百三十一条 本法第七十八条至第八十条的规定，适用于股份有限公司监事会。

监事会行使职权所必需的费用，由公司承担。

第一百三十二条 监事会每六个月至少召开一次会议。监事可以提议召开临时监事会会议。

监事会的议事方式和表决程序，除本法有规定的外，由公司章程规定。

监事会决议应当经全体监事的过半数通过。

监事会决议的表决，应当一人一票。

监事会应当对所议事项的决定作成会议记录，出席会议的监事应当在会议记录上签名。

第一百三十九条 上市公司董事与董事会会议决议事项所涉及的企业或者个人有关联关系的，该董事应当及时向董事会书面报告。有关联关系的董事不得对该项决议行使表决权，也不得代理其他董事行使表决权。该董事会会议由过半数的无关联关系董事出席即可举行，董事会会议所作决议须经无关联关系董事过半数通过。出席董事会会议的无关联关系董事人数不足三人的，应当将该事项提交上市公司股东会审议。

第一百六十条 公司公开发行股份前已发行的股份，自公司股票在证券交易所上市交易之日起一年内不得转让。法律、行政法规或者国务院证券监督管理机构对上市公司的股东、实际控制人转让其所持有的本公司股份另有规定的，从其规定。

公司董事、监事、高级管理人员应当向公司申报所持有的本公司的股份及其变动情况，在就任时确定的任职期间每年转让的股份不得超过其所持有本公司股份总数的百分之二十五；所持本公司股份自公司股票上市交易之日起一年内不得转让。上述人员离职后半年内，不得转让其所持有的本公司股份。公司章程可以对公司董事、监事、高级管理人员转让其所持有的本公司股份作出其他限制性规定。

股份在法律、行政法规规定的限制转让期限内出质的，质权人不得在限制转让期限内行使质权。

第一百六十三条　公司不得为他人取得本公司或者其母公司的股份提供赠与、借款、担保以及其他财务资助，公司实施员工持股计划的除外。

为公司利益，经股东会决议，或者董事会按照公司章程或者股东会的授权作出决议，公司可以为他人取得本公司或者其母公司的股份提供财务资助，但财务资助的累计总额不得超过已发行股本总额的百分之十。董事会作出决议应当经全体董事的三分之二以上通过。

违反前两款规定，给公司造成损失的，负有责任的董事、监事、高级管理人员应当承担赔偿责任。

第一百六十八条　国家出资公司的组织机构，适用本章规定；本章没有规定的，适用本法其他规定。

本法所称国家出资公司，是指国家出资的国有独资公司、国有资本控股公司，包括国家出资的有限责任公司、股份有限公司。

第一百七十三条　国有独资公司的董事会依照本法规定行使职权。

国有独资公司的董事会成员中，应当过半数为外部董事，并应当有公司职工代表。

董事会成员由履行出资人职责的机构委派；但是，董事会成员中的职工代表由公司职工代表大会选举产生。

董事会设董事长一人，可以设副董事长。董事长、副董事长由履行出资人职责的机构从董事会成员中指定。

第一百七十五条 国有独资公司的董事、高级管理人员，未经履行出资人职责的机构同意，不得在其他有限责任公司、股份有限公司或者其他经济组织兼职。

第一百七十九条 董事、监事、高级管理人员应当遵守法律、行政法规和公司章程。

第一百八十条 董事、监事、高级管理人员对公司负有忠实义务，应当采取措施避免自身利益与公司利益冲突，不得利用职权牟取不正当利益。

董事、监事、高级管理人员对公司负有勤勉义务，执行职务应当为公司的最大利益尽到管理者通常应有的合理注意。

公司的控股股东、实际控制人不担任公司董事但实际执行公司事务的，适用前两款规定。

第一百八十一条 董事、监事、高级管理人员不得有下列行为：

（一）侵占公司财产、挪用公司资金；

（二）将公司资金以其个人名义或者以其他个人名义开立账户存储；

（三）利用职权贿赂或者收受其他非法收入；

（四）接受他人与公司交易的佣金归为己有；

（五）擅自披露公司秘密；

（六）违反对公司忠实义务的其他行为。

第一百八十二条 董事、监事、高级管理人员，直接或者间接与本公司订立合同或者进行交易，应当就与订立合同或者进行交易有关的事项向董事会或者股东会报告，并按照公司章程的规定经董事会或者股东会决议通过。

董事、监事、高级管理人员的近亲属，董事、监事、高级管理人员或者其近亲属直接或者间接控制的企业，以及与董事、监事、高级管理人员有其他关联关系的关联人，与公司订立合同或者进行交易，适用前款规定。

第一百八十三条　董事、监事、高级管理人员，不得利用职务便利为自己或者他人谋取属于公司的商业机会。但是，有下列情形之一的除外：

（一）向董事会或者股东会报告，并按照公司章程的规定经董事会或者股东会决议通过；

（二）根据法律、行政法规或者公司章程的规定，公司不能利用该商业机会。

第一百八十四条　董事、监事、高级管理人员未向董事会或者股东会报告，并按照公司章程的规定经董事会或者股东会决议通过，不得自营或者为他人经营与其任职公司同类的业务。

第一百八十五条　董事会对本法第一百八十二条至第一百八十四条规定的事项决议时，关联董事不得参与表决，其表决权不计入表决权总数。出席董事会会议的无关联关系董事人数不足三人的，应当将该事项提交股东会审议。

第一百八十六条　董事、监事、高级管理人员违反本法第一百八十一条至第一百八十四条规定所得的收入应当归公司所有。

第一百八十七条　股东会要求董事、监事、高级管理人员列席会议的，董事、监事、高级管理人员应当列席并接受股东的质询。

第一百八十八条　董事、监事、高级管理人员执行职务违反法律、行政法规或者公司章程的规定，给公司造成损失的，应当承担赔偿责任。

第一百九十条　董事、高级管理人员违反法律、行政法规或者公司章程的规定，损害股东利益的，股东可以向人民法院提起诉讼。

第一百九十一条　董事、高级管理人员执行职务，给他人造成损害的，公司应当承担赔偿责任；董事、高级管理人员存在故意或者重大过失的，也应当承担赔偿责任。

第一百九十二条　公司的控股股东、实际控制人指示董事、高级管理人员从事损害公司或者股东利益的行为的，与该董事、高级管理人员承担连带责任。

第一百九十三条 公司可以在董事任职期间为董事因执行公司职务承担的赔偿责任投保责任保险。

公司为董事投保责任保险或者续保后，董事会应当向股东会报告责任保险的投保金额、承保范围及保险费率等内容。

第二百一十一条 公司违反本法规定向股东分配利润的，股东应当将违反规定分配的利润退还公司；给公司造成损失的，股东及负有责任的董事、监事、高级管理人员应当承担赔偿责任。

第二百二十六条 违反本法规定减少注册资本的，股东应当退还其收到的资金，减免股东出资的应当恢复原状；给公司造成损失的，股东及负有责任的董事、监事、高级管理人员应当承担赔偿责任。

第二百三十二条 公司因本法第二百二十九条第一款第一项、第二项、第四项、第五项规定而解散的，应当清算。董事为公司清算义务人，应当在解散事由出现之日起十五日内组成清算组进行清算。

清算组由董事组成，但是公司章程另有规定或者股东会决议另选他人的除外。

清算义务人未及时履行清算义务，给公司或者债权人造成损失的，应当承担赔偿责任。

第二百三十三条 公司依照前条第一款的规定应当清算，逾期不成立清算组进行清算或者成立清算组后不清算的，利害关系人可以申请人民法院指定有关人员组成清算组进行清算。人民法院应当受理该申请，并及时组织清算组进行清算。

公司因本法第二百二十九条第一款第四项的规定而解散的，作出吊销营业执照、责令关闭或者撤销决定的部门或者公司登记机关，可以申请人民法院指定有关人员组成清算组进行清算。

第二百三十八条 清算组成员履行清算职责，负有忠实义务和勤勉义务。

清算组成员怠于履行清算职责，给公司造成损失的，应当承担赔偿责任；因故意或者重大过失给债权人造成损失的，应当承担赔偿责任。

第二百三十九条 公司清算结束后，清算组应当制作清算报告，报股东会或者人民法院确认，并报送公司登记机关，申请注销公司登记。

第二百四十一条 公司被吊销营业执照、责令关闭或者被撤销，满三年未向公司登记机关申请注销公司登记的，公司登记机关可以通过国家企业信用信息公示系统予以公告，公告期限不少于六十日。公告期限届满后，未有异议的，公司登记机关可以注销公司登记。

依照前款规定注销公司登记的，原公司股东、清算义务人的责任不受影响。

第二百六十条 公司成立后无正当理由超过六个月未开业的，或者开业后自行停业连续六个月以上的，公司登记机关可以吊销营业执照，但公司依法办理歇业的除外。

公司登记事项发生变更时，未依照本法规定办理有关变更登记的，由公司登记机关责令限期登记；逾期不登记的，处以一万元以上十万元以下的罚款。

《证券法》（节录）

第四十四条 上市公司、股票在国务院批准的其他全国性证券交易场所交易的公司持有百分之五以上股份的股东、董事、监事、高级管理人员，将其持有的该公司的股票或者其他具有股权性质的证券在买入后六个月内卖出，或者在卖出后六个月内又买入，由此所得收益归该公司所有，公司董事会应当收回其所得收益。但是，证券公司因购入包销售后剩余股票而持有百分之五以上股份，以及有国务院证券监督管理机构规定的其他情形的除外。

前款所称董事、监事、高级管理人员、自然人股东持有的股票或者其他具有股权性质的证券，包括其配偶、父母、子女持有的及利用他人账户持有的股票或者其他具有股权性质的证券。

公司董事会不按照第一款规定执行的，股东有权要求董事会在三十日内执行。公司董事会未在上述期限内执行的，股东有权为了公司的利益以自己的名义直接向人民法院提起诉讼。

公司董事会不按照第一款的规定执行的，负有责任的董事依法承担连带责任。

第五十条 禁止证券交易内幕信息的知情人和非法获取内幕信息的人利用内幕信息从事证券交易活动。

第五十一条 证券交易内幕信息的知情人包括：

（一）发行人及其董事、监事、高级管理人员；

（二）持有公司百分之五以上股份的股东及其董事、监事、高级管理人员，公司的实际控制人及其董事、监事、高级管理人员；

（三）发行人控股或者实际控制的公司及其董事、监事、高级管理人员；

（四）由于所任公司职务或者因与公司业务往来可以获取公司有关内幕信息的人员；

（五）上市公司收购人或者重大资产交易方及其控股股东、实际控制人、董事、监事和高级管理人员；

（六）因职务、工作可以获取内幕信息的证券交易场所、证券公司、证券登记结算机构、证券服务机构的有关人员；

（七）因职责、工作可以获取内幕信息的证券监督管理机构工作人员；

（八）因法定职责对证券的发行、交易或者对上市公司及其收购、重大资产交易进行管理可以获取内幕信息的有关主管部门、监管机构的工作人员；

（九）国务院证券监督管理机构规定的可以获取内幕信息的其他人员。

第五十三条 证券交易内幕信息的知情人和非法获取内幕信息的人，在内幕信息公开前，不得买卖该公司的证券，或者泄露该信息，或者建议他人买卖该证券。

持有或者通过协议、其他安排与他人共同持有公司百分之五以上股份的自然人、法人、非法人组织收购上市公司的股份，本法另有规定的，适用其规定。

内幕交易行为给投资者造成损失的，应当依法承担赔偿责任。

第八十二条　发行人的董事、高级管理人员应当对证券发行文件和定期报告签署书面确认意见。

发行人的监事会应当对董事会编制的证券发行文件和定期报告进行审核并提出书面审核意见。监事应当签署书面确认意见。

发行人的董事、监事和高级管理人员应当保证发行人及时、公平地披露信息，所披露的信息真实、准确、完整。

董事、监事和高级管理人员无法保证证券发行文件和定期报告内容的真实性、准确性、完整性或者有异议的，应当在书面确认意见中发表意见并陈述理由，发行人应当披露。发行人不予披露的，董事、监事和高级管理人员可以直接申请披露。

第八十五条　信息披露义务人未按照规定披露信息，或者公告的证券发行文件、定期报告、临时报告及其他信息披露资料存在虚假记载、误导性陈述或者重大遗漏，致使投资者在证券交易中遭受损失的，信息披露义务人应当承担赔偿责任；发行人的控股股东、实际控制人、董事、监事、高级管理人员和其他直接责任人员以及保荐人、承销的证券公司及其直接责任人员，应当与发行人承担连带赔偿责任，但是能够证明自己没有过错的除外。

《上市公司独立董事管理办法》（节录）

第六条　独立董事必须保持独立性。下列人员不得担任独立董事：

（一）在上市公司或者其附属企业任职的人员及其配偶、父母、子女、主要社会关系；

（二）直接或者间接持有上市公司已发行股份百分之一以上或者是上市

公司前十名股东中的自然人股东及其配偶、父母、子女；

（三）在直接或者间接持有上市公司已发行股份百分之五以上的股东或者在上市公司前五名股东任职的人员及其配偶、父母、子女；

（四）在上市公司控股股东、实际控制人的附属企业任职的人员及其配偶、父母、子女；

（五）与上市公司及其控股股东、实际控制人或者其各自的附属企业有重大业务往来的人员，或者在有重大业务往来的单位及其控股股东、实际控制人任职的人员；

（六）为上市公司及其控股股东、实际控制人或者其各自附属企业提供财务、法律、咨询、保荐等服务的人员，包括但不限于提供服务的中介机构的项目组全体人员、各级复核人员、在报告上签字的人员、合伙人、董事、高级管理人员及主要负责人；

（七）最近十二个月内曾经具有第一项至第六项所列举情形的人员；

（八）法律、行政法规、中国证监会规定、证券交易所业务规则和公司章程规定的不具备独立性的其他人员。

前款第四项至第六项中的上市公司控股股东、实际控制人的附属企业，不包括与上市公司受同一国有资产管理机构控制且按照相关规定未与上市公司构成关联关系的企业。

独立董事应当每年对独立性情况进行自查，并将自查情况提交董事会。董事会应当每年对在任独立董事独立性情况进行评估并出具专项意见，与年度报告同时披露。

第十五条 独立董事在任期届满前可以提出辞职。独立董事辞职应当向董事会提交书面辞职报告，对任何与其辞职有关或者其认为有必要引起上市公司股东和债权人注意的情况进行说明。上市公司应当对独立董事辞职的原因及关注事项予以披露。

独立董事辞职将导致董事会或者其专门委员会中独立董事所占的比例不符合本办法或者公司章程的规定，或者独立董事中欠缺会计专业人士的，拟辞职的独立董事应当继续履行职责至新任独立董事产生之日。上市公司应当自独立董事提出辞职之日起六十日内完成补选。

第二十条 独立董事应当亲自出席董事会会议。因故不能亲自出席会议的，独立董事应当事先审阅会议材料，形成明确的意见，并书面委托其他独立董事代为出席。

独立董事连续两次未能亲自出席董事会会议，也不委托其他独立董事代为出席的，董事会应当在该事实发生之日起三十日内提议召开股东大会解除该独立董事职务。

第二十一条 独立董事对董事会议案投反对票或者弃权票的，应当说明具体理由及依据、议案所涉事项的合法合规性、可能存在的风险以及对上市公司和中小股东权益的影响等。上市公司在披露董事会决议时，应当同时披露独立董事的异议意见，并在董事会决议和会议记录中载明。

第二十二条 独立董事应当持续关注本办法第二十三条、第二十六条、第二十七条和第二十八条所列事项相关的董事会决议执行情况，发现存在违反法律、行政法规、中国证监会规定、证券交易所业务规则和公司章程规定，或者违反股东大会和董事会决议等情形的，应当及时向董事会报告，并可以要求上市公司作出书面说明。涉及披露事项的，上市公司应当及时披露。

上市公司未按前款规定作出说明或者及时披露的，独立董事可以向中国证监会和证券交易所报告。

第二十五条 独立董事在上市公司董事会专门委员会中应当依照法律、行政法规、中国证监会规定、证券交易所业务规则和公司章程履行职责。独立董事应当亲自出席专门委员会会议，因故不能亲自出席会议的，应当事先审阅会议材料，形成明确的意见，并书面委托其他独立董事代为出席。独立董事履职中关注到专门委员会职责范围内的上市公司重大事项，可以依照程序及时提请专门委员会进行讨论和审议。

上市公司应当按照本办法规定在公司章程中对专门委员会的组成、职责等作出规定，并制定专门委员会工作规程，明确专门委员会的人员构成、任期、职责范围、议事规则、档案保存等相关事项。国务院有关主管部门对专门委员会的召集人另有规定的，从其规定。

第三十条 独立董事每年在上市公司的现场工作时间应当不少于十五日。

除按规定出席股东大会、董事会及其专门委员会、独立董事专门会议外，独立董事可以通过定期获取上市公司运营情况等资料、听取管理层汇报、与内部审计机构负责人和承办上市公司审计业务的会计师事务所等中介机构沟通、实地考察、与中小股东沟通等多种方式履行职责。

第三十一条 上市公司董事会及其专门委员会、独立董事专门会议应当按规定制作会议记录，独立董事的意见应当在会议记录中载明。独立董事应当对会议记录签字确认。

独立董事应当制作工作记录，详细记录履行职责的情况。独立董事履行职责过程中获取的资料、相关会议记录、与上市公司及中介机构工作人员的通讯记录等，构成工作记录的组成部分。对于工作记录中的重要内容，独立董事可以要求董事会秘书等相关人员签字确认，上市公司及相关人员应当予以配合。

独立董事工作记录及上市公司向独立董事提供的资料，应当至少保存十年。

第三十三条 独立董事应当向上市公司年度股东大会提交年度述职报告，对其履行职责的情况进行说明。年度述职报告应当包括下列内容：

（一）出席董事会次数、方式及投票情况，出席股东大会次数；

（二）参与董事会专门委员会、独立董事专门会议工作情况；

（三）对本办法第二十三条、第二十六条、第二十七条、第二十八条所列事项进行审议和行使本办法第十八条第一款所列独立董事特别职权的情况；

（四）与内部审计机构及承办上市公司审计业务的会计师事务所就公司财务、业务状况进行沟通的重大事项、方式及结果等情况；

（五）与中小股东的沟通交流情况；

（六）在上市公司现场工作的时间、内容等情况；

（七）履行职责的其他情况。

独立董事年度述职报告最迟应当在上市公司发出年度股东大会通知时披露。

《上市公司独立董事履职指引》（节录）

第五条　任职时间和数量限制

独立董事每届任期与该上市公司其他董事任期相同，任期届满，连选可以连任，但是连任时间不得超过六年。

独立董事应当确保有足够的时间和精力有效履行职责，原则上最多在五家上市公司兼任独立董事。

第六条　日常工作联系和最低工作时限

独立董事应当与上市公司管理层特别是董事会秘书及时充分沟通，确保工作顺利开展。

独立董事每年为所任职上市公司有效工作的时间原则上不少于十五个工作日，包括出席股东大会、董事会及各专门委员会会议，对公司生产经营状况、管理和内部控制等制度的建设及执行情况、董事会决议执行情况等进行调查，与公司管理层进行工作讨论，对公司重大投资、生产、建设项目进行实地调研等。

第七条　参加培训

拟任独立董事在首次受聘上市公司独立董事前，原则上至少参加一次证券监管部门认可的相关机构组织的任职培训。在首次受聘后的两年内，建议每年至少参加一次后续培训。此后，应当每两年至少参加一次后续培训。

培训后，独立董事应当能够充分了解公司治理的基本原则，上市公司运作的法律框架，独立董事的职责与责任，上市公司信息披露和关联交易监管等具体规则，具备内控与风险防范意识和基本的财务报表阅读和理解能力。

第八条 出席董事会及股东大会会议

独立董事应当亲自出席董事会会议。确实因故无法亲自出席会议的，独立董事应当事先审阅会议材料，形成明确的意见，书面委托本上市公司的其他独立董事代为出席。

委托书应当载明：

（一）委托人和受托人的姓名；

（二）对受托人的授权范围；

（三）委托人对每项议案表决意向的指示；

（四）委托人的签字、日期。

独立董事不应出具空白委托书，也不宜对受托人全权委托。授权应当一事一授。

受托出席董事会会议的独立董事应当向会议主持人提交书面委托书，在会议签到簿上说明受托出席的情况。一名独立董事不得在一次董事会会议上接受超过两名独立董事的委托。

委托其他独立董事对上市公司定期报告代为签署书面确认意见的，应当在委托书中专门授权。

独立董事应亲自出席上市公司股东大会，与公司股东现场沟通。

第九条 关注上市公司相关信息

独立董事应重点关注上市公司的关联交易、对外担保、募集资金使用、社会公众股股东保护、并购重组、重大投融资活动、财务管理、高管薪酬、利润分配和信息披露等事项，必要时应根据有关规定主动提议召开董事会、提交股东大会审议或者聘请会计师事务所、律师事务所等中介机构对相关事项进行审计、核查或者发表意见。

独立董事宜核查上市公司公告的董事会决议内容，主动关注有关上市公司的报道及信息，在发现有可能对公司的发展、证券的交易价格产生较大影响的报道或传闻时，有权向公司进行书面质询，并督促公司做出书面说明或公开澄清。上市公司未能应独立董事的要求及时说明或者澄清的，独立董事可自行采取调查措施，并可向中国证监会派出机构或公司证券上市地的证券交易所报告。

上市公司股东间或者董事间发生冲突、对公司经营管理造成重大影响的，独立董事应当主动履行职责，维护上市公司整体利益，并可以向中国证监会派出机构或公司证券上市地的证券交易所报告。

第十条　对上市公司及相关主体进行监督和调查

独立董事发现上市公司或相关主体存在下列情形时，应积极主动履行尽职调查义务，必要时可聘请中介机构进行专项调查：

（一）重大事项未按规定提交董事会或股东大会审议；

（二）公司未及时或适当地履行信息披露义务；

（三）公司发布的信息中可能存在虚假记载、误导性陈述或重大遗漏；

（四）公司生产经营可能违反法律、法规或者公司章程；

（五）其他涉嫌违法违规、损害社会公众股股东权益或社会公众利益的情形。

确认上述情形确实存在的，独立董事应立即督促上市公司或相关主体改正，并向中国证监会派出机构和公司证券上市地的证券交易所报告。

第十一条　制作工作笔录

独立董事应当将其履行职责的情况记入《独立董事工作笔录》，包括对上市公司生产经营状况、管理和内部控制等制度的建设及执行情况、董事会决议执行情况等进行调查、与公司管理层讨论、参加公司董事会、发表独立意见等内容。独立董事与公司内部机构和工作人员以及中介机构人员的工作邮件、电话、短信及微信等电子通讯往来记录，构成工作笔录的组成部分。

独立董事履职的工作笔录及上市公司向独立董事提供的资料，独立董事应当妥善保存至少五年。

第十二条　提交年度述职报告

上市公司年度股东大会召开时，独立董事需提交年度述职报告，对自身履行职责的情况进行说明，并重点关注上市公司的内部控制、规范运作以及中小投资者权益保护等公司治理事项。

独立董事的述职报告宜包含以下内容：

（一）上一年度出席董事会会议及股东大会会议的情况，包括未亲自出席会议的原因及次数；

（二）在董事会会议上发表意见和参与表决的情况，包括投出弃权或者反对票的情况及原因；

（三）对公司生产经营、制度建设、董事会决议执行情况等进行调查，与公司管理层进行讨论，对公司重大投资、生产、建设项目进行实地调研的情况；

（四）在保护社会公众股股东合法权益方面所做的工作；

（五）参加培训的情况；

（六）按照相关法律、行政法规、部门规章、规范性文件、自律规则和公司章程履行独立董事职务所做的其他工作；

（七）对其是否仍然符合独立性的规定，其董事候选人声明与承诺事项是否发生变化等情形的自查结论。

独立董事的述职报告以工作笔录作为依据，对履行职责的时间、地点、工作内容、后续跟进等进行具体描述，由本人签字确认后交公司连同年度股东大会资料共同存档保管。

第十三条 辞职后的义务

独立董事任期内辞职导致独立董事成员低于法定规定人数的，在改选出新的独立董事就任前，原独立董事应当依法继续履行独立董事职务，因丧失独立性而辞职和被依法免职的除外。

如果独立董事因丧失独立性而辞职和被依法免职导致独立董事成员低于法定人数的，上市公司应当尽快补选独立董事，促使独立董事人数达到法定要求。

第三十五条 会议通知的审查

独立董事在接到董事会会议通知后，应当关注会议通知的程序、形式及内容的合法性，发现不符合规定的，可向董事会秘书提出质询，督促其予以解释或进行纠正。

第三十六条　会议资料的了解

独立董事宜于会前充分知悉会议审议事项，了解与之相关的会计和法律等知识。

独立董事有权要求上市公司按照公司章程的规定提前通知相关事项，并同时提供完整的定稿资料。独立董事认为公司应当提供履职所需的其他材料的，有权敦促公司进行补充。独立董事有权要求公司董事会秘书及其他负责人员就相关事宜提供协助。

独立董事可以向公司管理层、董事会各专门委员会、董事会办事机构、与审议事项相关的中介机构等机构和人员了解决策所需要的信息，也可以在会前向会议主持人建议邀请相关机构代表或相关人员到会说明有关情况。

第三十七条　会前的询问和调查

独立董事认为董事会会议提案内容不明确、不具体或者有关材料不充分的，可直接或通过董事会秘书要求提案人补充资料或作出进一步说明。

独立董事在对董事会会议审议事项作出判断前，可对上市公司相关事项进行了解或调查，并要求公司给予积极配合。

第三十八条　聘请中介机构

独立董事可聘请会计师事务所或其他中介机构对上市公司的相关情况进行核查。如发现异常情况，应及时提请公司董事会采取相应措施，必要时可向中国证监会派出机构或公司证券上市地的证券交易所报告。

第三十九条　延期开会和审议

两名以上独立董事认为会议审议事项资料不充分或论证不明确时，可联名书面向董事会提议延期召开董事会会议或延期审议相关事项。

对于审议年度报告的董事会会议，如果延期开会或延期审议可能导致年度报告不能如期披露，独立董事应立即向中国证监会派出机构或公司证券上市地的证券交易所报告。

第四十条　出席会议

无特别原因，独立董事应当亲自出席公司董事会会议。

独立董事因故无法亲自出席会议的，应当事先审阅会议材料，形成明确的意见，书面委托本上市公司的其他独立董事代为出席。相关要求见本指引第八条相关内容。

独立董事未亲自参加董事会会议而又未委托其他独立董事代为出席的，在会后仍应当及时审查会议决议及记录。独立董事对会议决议内容或程序的合法性有疑问的，有权向相关人员提出质询；发现董事会会议决议违法的，有权立即要求上市公司纠正；公司拒不纠正的，有权及时将具体情况报告中国证监会派出机构或公司证券上市地的证券交易所。

第四十一条 对会议程序的监督

董事会举行会议的过程中，独立董事应当关注会议程序是否合法，防止会议程序出现瑕疵。独立董事应特别关注董事会会议的下列程序性规则是否得到严格遵守：

（一）按照规定需要经独立董事事先认可或由董事会专门委员会事前审查的提案，未经独立董事书面认可或由专门委员会向董事会会议提交书面审核意见，不应在董事会会议上审议；

（二）会议具体议程一经确定，不应随意增减议题或变更议题顺序，也不应任意合并或分拆议题；

（三）除征得全体与会董事的一致同意外，董事会会议不应对会议通知中未列明的提案作出决议。

第四十二条 对会议形式的监督

独立董事应当关注董事会会议形式是否符合下列相关要求：

（一）董事会会议原则上应以现场召开的方式进行；

（二）对需要以董事会决议的方式审议通过，但董事之间交流讨论的必要性不大的议案，可以进行通讯表决。法律、法规、规范性文件及公司章程另有规定或应由三分之二以上董事通过的重大议案，不宜采用通讯表决方式召开会议；

（三）通讯表决事项原则上应在表决前五日内送达全体董事，并应提供会议议题的相关背景资料和有助于董事作出决策的相关信息和数据。以通讯表决方式召开董事会会议的，公司应当在保障董事充分表达意见的基础上，采取一事一表决的方式，不应要求董事对多个事项仅进行一次表决。

第四十三条 发表独立意见及表决

独立董事应当认真阅读会议相关材料，在充分了解情况的基础上独立、客观、审慎地发表意见，并确保所发表的意见或其要点在董事会记录中得以记载。

独立董事应当就会议审议事项发表以下几类意见之一：同意；保留意见并说明理由；反对意见并说明理由；无法发表意见及其障碍。

独立董事可以就决议事项投出赞成、反对或弃权票，并就反对或弃权票说明理由。

第四十四条 暂缓表决

两名以上独立董事认为会议议题不明确、不具体，或者因会议材料不充分等事由导致其无法对决议事项作出判断时，可以提议会议对该事项暂缓表决。

提议暂缓表决的独立董事宜对提案再次提交审议所应满足的条件提出明确要求。

第四十五条 会议记录

独立董事有权督促公司制作董事会会议记录。董事会会议议程完成后，独立董事应当代表其本人和委托其代为出席会议的董事对会议记录和决议记录签字确认。独立董事对会议记录或决议记录有不同意见的，可以在签字时作出书面说明。

第四十六条 资料保管

独立董事就会议审议及相关事项进行的询问、调查、讨论等均应形成书面文件，与上市公司之间的各种来往信函、传真、电子邮件等资料应予保存，与公司工作人员之间的工作通话可以在事后做成要点记录。

董事会会议如果采取电话或者视频会议方式召开，独立董事有权要求录音、录像，会后宜检查并保存其电子副本。

前述资料连同公司向独立董事提供的纸面及电子资料，独立董事宜及时整理并妥善保存，必要时可要求公司提供相应协助。

《上市公司信息披露管理办法》（节录）

第四条 上市公司的董事、监事、高级管理人员应当忠实、勤勉地履行职责，保证披露信息的真实、准确、完整，信息披露及时、公平。

第十六条 定期报告内容应当经上市公司董事会审议通过。未经董事会审议通过的定期报告不得披露。

公司董事、高级管理人员应当对定期报告签署书面确认意见，说明董事会的编制和审议程序是否符合法律、行政法规和中国证监会的规定，报告的内容是否能够真实、准确、完整地反映上市公司的实际情况。

监事会应当对董事会编制的定期报告进行审核并提出书面审核意见。监事应当签署书面确认意见。监事会对定期报告出具的书面审核意见，应当说明董事会的编制和审议程序是否符合法律、行政法规和中国证监会的规定，报告的内容是否能够真实、准确、完整地反映上市公司的实际情况。

董事、监事无法保证定期报告内容的真实性、准确性、完整性或者有异议的，应当在董事会或者监事会审议、审核定期报告时投反对票或者弃权票。

董事、监事和高级管理人员无法保证定期报告内容的真实性、准确性、完整性或者有异议的，应当在书面确认意见中发表意见并陈述理由，上市公司应当披露。上市公司不予披露的，董事、监事和高级管理人员可以直接申请披露。

董事、监事和高级管理人员按照前款规定发表意见，应当遵循审慎原则，其保证定期报告内容的真实性、准确性、完整性的责任不仅因发表意见而当然免除。

第三十一条 上市公司董事、监事、高级管理人员应当勤勉尽责，关注信息披露文件的编制情况，保证定期报告、临时报告在规定期限内披露。

第三十二条 上市公司应当制定定期报告的编制、审议、披露程序。经理、财务负责人、董事会秘书等高级管理人员应当及时编制定期报告草案，提请董事会审议；董事会秘书负责送达董事审阅；董事长负责召集和主持董事会会议审议定期报告；监事会负责审核董事会编制的定期报告；董事会秘书负责组织定期报告的披露工作。

第三十三条 上市公司应当制定重大事件的报告、传递、审核、披露程序。董事、监事、高级管理人员知悉重大事件发生时，应当按照公司规定立即履行报告义务；董事长在接到报告后，应当立即向董事会报告，并敦促董事会秘书组织临时报告的披露工作。

上市公司应当制定董事、监事、高级管理人员对外发布信息的行为规范，明确非经董事会书面授权不得对外发布上市公司未披露信息的情形。

第三十五条 董事应当了解并持续关注公司生产经营情况、财务状况和公司已经发生的或者可能发生的重大事件及其影响，主动调查、获取决策所需要的资料。

第三十六条 监事应当对公司董事、高级管理人员履行信息披露职责的行为进行监督；关注公司信息披露情况，发现信息披露存在违法违规问题的，应当进行调查并提出处理建议。

第三十七条 高级管理人员应当及时向董事会报告有关公司经营或者财务方面出现的重大事件、已披露的事件的进展或者变化情况及其他相关信息。

第三十八条 董事会秘书负责组织和协调公司信息披露事务，汇集上市公司应予披露的信息并报告董事会，持续关注媒体对公司的报道并主动求证报道的真实情况。董事会秘书有权参加股东大会、董事会会议、监事会会议和高级管理人员相关会议，有权了解公司的财务和经营情况，查阅涉及信息披露事宜的所有文件。董事会秘书负责办理上市公司信息对外公布等相关事宜。

上市公司应当为董事会秘书履行职责提供便利条件，财务负责人应当配合董事会秘书在财务信息披露方面的相关工作。

第四十一条 上市公司董事、监事、高级管理人员、持股百分之五以上的股东及其一致行动人、实际控制人应当及时向上市公司董事会报送上市公司关联人名单及关联关系的说明。上市公司应当履行关联交易的审议程序，并严格执行关联交易回避表决制度。交易各方不得通过隐瞒关联关系或者采取其他手段，规避上市公司的关联交易审议程序和信息披露义务。

第五十一条 上市公司董事、监事、高级管理人员应当对公司信息披露的真实性、准确性、完整性、及时性、公平性负责，但有充分证据表明其已经履行勤勉尽责义务的除外。

上市公司董事长、经理、董事会秘书，应当对公司临时报告信息披露的真实性、准确性、完整性、及时性、公平性承担主要责任。

上市公司董事长、经理、财务负责人应当对公司财务会计报告的真实性、准确性、完整性、及时性、公平性承担主要责任。

第五十二条 信息披露义务人及其董事、监事、高级管理人员违反本办法的，中国证监会为防范市场风险，维护市场秩序，可以采取以下监管措施：

（一）责令改正；

（二）监管谈话；

（三）出具警示函；

（四）责令公开说明；

（五）责令定期报告；

（六）责令暂停或者终止并购重组活动；

（七）依法可以采取的其他监管措施。

《刑法》（节录）

第一百五十九条　【虚假出资、抽逃出资罪】公司发起人、股东违反公司法的规定未交付货币、实物或者未转移财产权，虚假出资，或者在公司成立后又抽逃其出资，数额巨大、后果严重或者有其他严重情节的，处五年以下有期徒刑或者拘役，并处或者单处虚假出资金额或者抽逃出资金额百分之二以上百分之十以下罚金。

单位犯前款罪的，对单位判处罚金，并对其直接负责的主管人员和其他直接责任人员，处五年以下有期徒刑或者拘役。

第一百六十一条　【违规披露、不披露重要信息罪】依法负有信息披露义务的公司、企业向股东和社会公众提供虚假的或者隐瞒重要事实的财务会计报告，或者对依法应当披露的其他重要信息不按照规定披露，严重损害股东或者其他人利益，或者有其他严重情节的，对其直接负责的主管人员和其他直接责任人员，处五年以下有期徒刑或者拘役，并处或者单处罚金；情节特别严重的，处五年以上十年以下有期徒刑，并处罚金。

前款规定的公司、企业的控股股东、实际控制人实施或者组织、指使实施前款行为的，或者隐瞒相关事项导致前款规定的情形发生的，依照前款的规定处罚。

犯前款罪的控股股东、实际控制人是单位的，对单位判处罚金，并对其直接负责的主管人员和其他直接责任人员，依照第一款的规定处罚。

第一百六十二条　【妨害清算罪】公司、企业进行清算时，隐匿财产，对资产负债表或者财产清单作虚伪记载或者在未清偿债务前分配公司、企业财产，严重损害债权人或者其他人利益的，对其直接负责的主管人员和其他直接责任人员，处五年以下有期徒刑或者拘役，并处或者单处二万元以上二十万元以下罚金。

第一百六十二条之一 【隐匿、故意销毁会计凭证、会计帐簿、财务会计报告罪】隐匿或者故意销毁依法应当保存的会计凭证、会计帐簿、财务会计报告，情节严重的，处五年以下有期徒刑或者拘役，并处或者单处二万元以上二十万元以下罚金。

单位犯前款罪的，对单位判处罚金，并对其直接负责的主管人员和其他直接责任人员，依照前款的规定处罚。

第一百六十二条之二 【虚假破产罪】公司、企业通过隐匿财产、承担虚构的债务或者以其他方法转移、处分财产，实施虚假破产，严重损害债权人或者其他人利益的，对其直接负责的主管人员和其他直接责任人员，处五年以下有期徒刑或者拘役，并处或者单处二万元以上二十万元以下罚金。

第一百六十三条 【非国家工作人员受贿罪】公司、企业或者其他单位的工作人员，利用职务上的便利，索取他人财物或者非法收受他人财物，为他人谋取利益，数额较大的，处三年以下有期徒刑或者拘役，并处罚金；数额巨大或者有其他严重情节的，处三年以上十年以下有期徒刑，并处罚金；数额特别巨大或者有其他特别严重情节的，处十年以上有期徒刑或者无期徒刑，并处罚金。

公司、企业或者其他单位的工作人员在经济往来中，利用职务上的便利，违反国家规定，收受各种名义的回扣、手续费，归个人所有的，依照前款的规定处罚。

【受贿罪】国有公司、企业或者其他国有单位中从事公务的人员和国有公司、企业或者其他国有单位委派到非国有公司、企业以及其他单位从事公务的人员有前两款行为的，依照本法第三百八十五条、第三百八十六条的规定定罪处罚。

第一百六十四条 【对非国家工作人员行贿罪】为谋取不正当利益，给予公司、企业或者其他单位的工作人员以财物，数额较大的，处三年以下有期徒刑或者拘役，并处罚金；数额巨大的，处三年以上十年以下有期徒刑，并处罚金。

【对外国公职人员、国际公共组织官员行贿罪】为谋取不正当商业利益，给予外国公职人员或者国际公共组织官员以财物的，依照前款的规定处罚。

单位犯前两款罪的，对单位判处罚金，并对其直接负责的主管人员和其他直接责任人员，依照第一款的规定处罚。

行贿人在被追诉前主动交待行贿行为的，可以减轻处罚或者免除处罚。

第一百六十五条 【非法经营同类营业罪】国有公司、企业的董事、监事、高级管理人员，利用职务便利，自己经营或者为他人经营与其所任职公司、企业同类的营业，获取非法利益，数额巨大的，处三年以下有期徒刑或者拘役，并处或者单处罚金；数额特别巨大的，处三年以上七年以下有期徒刑，并处罚金。

其他公司、企业的董事、监事、高级管理人员违反法律、行政法规规定，实施前款行为，致使公司、企业利益遭受重大损失的，依照前款的规定处罚。

第一百六十六条 【为亲友非法牟利罪】国有公司、企业、事业单位的工作人员，利用职务便利，有下列情形之一，致使国家利益遭受重大损失的，处三年以下有期徒刑或者拘役，并处或者单处罚金；致使国家利益遭受特别重大损失的，处三年以上七年以下有期徒刑，并处罚金：

（一）将本单位的盈利业务交由自己的亲友进行经营的；

（二）以明显高于市场的价格从自己的亲友经营管理的单位采购商品、接受服务或者以明显低于市场的价格向自己的亲友经营管理的单位销售商品、提供服务的；

（三）从自己的亲友经营管理的单位采购、接受不合格商品、服务的。

其他公司、企业的工作人员违反法律、行政法规规定，实施前款行为，致使公司、企业利益遭受重大损失的，依照前款的规定处罚。

第一百六十九条 【徇私舞弊低价折股、出售公司、企业资产罪】国有公司、企业或者其上级主管部门直接负责的主管人员，徇私舞弊，将国有资产低价折股或者低价出售，致使国家利益遭受重大损失的，处三年以下有期徒刑或者拘役；致使国家利益遭受特别重大损失的，处三年以上七年以下有期徒刑。

其他公司、企业直接负责的主管人员，徇私舞弊，将公司、企业资产低价折股或者低价出售，致使公司、企业利益遭受重大损失的，依照前款的规定处罚。

第一百六十九条之一 【背信损害上市公司利益罪】上市公司的董事、监事、高级管理人员违背对公司的忠实义务，利用职务便利，操纵上市公司从事下列行为之一，致使上市公司利益遭受重大损失的，处三年以下有期徒刑或者拘役，并处或者单处罚金；致使上市公司利益遭受特别重大损失的，处三年以上七年以下有期徒刑，并处罚金：

（一）无偿向其他单位或者个人提供资金、商品、服务或者其他资产的；

（二）以明显不公平的条件，提供或者接受资金、商品、服务或者其他资产的；

（三）向明显不具有清偿能力的单位或者个人提供资金、商品、服务或者其他资产的；

（四）为明显不具有清偿能力的单位或者个人提供担保，或者无正当理由为其他单位或者个人提供担保的；

（五）无正当理由放弃债权、承担债务的；

（六）采用其他方式损害上市公司利益的。

上市公司的控股股东或者实际控制人，指使上市公司董事、监事、高级管理人员实施前款行为的，依照前款的规定处罚。

犯前款罪的上市公司的控股股东或者实际控制人是单位的，对单位判处罚金，并对其直接负责的主管人员和其他直接责任人员，依照第一款的规定处罚。

第一百八十条 【内幕交易、泄露内幕信息罪】证券、期货交易内幕信息的知情人员或者非法获取证券、期货交易内幕信息的人员，在涉及证券的发行，证券、期货交易或者其他对证券、期货交易价格有重大影响的信息尚未公开前，买入或者卖出该证券，或者从事与该内幕信息有关的期货交易，或者泄露该信息，或者明示、暗示他人从事上述交易活动，情节严重的，处五年以下有期徒刑或者拘役，并处或者单处违法所得一倍以上五倍以下罚金；情节特别严重的，处五年以上十年以下有期徒刑，并处违法所得一倍以上五倍以下罚金。

单位犯前款罪的，对单位判处罚金，并对其直接负责的主管人员和其他直接责任人员，处五年以下有期徒刑或者拘役。

内幕信息、知情人员的范围，依照法律、行政法规的规定确定。

【利用未公开信息交易罪】证券交易所、期货交易所、证券公司、期货经纪公司、基金管理公司、商业银行、保险公司等金融机构的从业人员以及有关监管部门或者行业协会的工作人员，利用因职务便利获取的内幕信息以外的其他未公开的信息，违反规定，从事与该信息相关的证券、期货交易活动，或者明示、暗示他人从事相关交易活动，情节严重的，依照第一款的规定处罚。

第一百八十二条 【操纵证券、期货市场罪】有下列情形之一，操纵证券、期货市场，影响证券、期货交易价格或者证券、期货交易量，情节严重的，处五年以下有期徒刑或者拘役，并处或者单处罚金；情节特别严重的，处五年以上十年以下有期徒刑，并处罚金：

（一）单独或者合谋，集中资金优势、持股或者持仓优势或者利用信息优势联合或者连续买卖的；

（二）与他人串通，以事先约定的时间、价格和方式相互进行证券、期货交易的；

（三）在自己实际控制的帐户之间进行证券交易，或者以自己为交易对象，自买自卖期货合约的；

（四）不以成交为目的，频繁或者大量申报买入、卖出证券、期货合约并撤销申报的；

（五）利用虚假或者不确定的重大信息，诱导投资者进行证券、期货交易的；

（六）对证券、证券发行人、期货交易标的公开作出评价、预测或者投资建议，同时进行反向证券交易或者相关期货交易的；

（七）以其他方法操纵证券、期货市场的。

单位犯前款罪的，对单位判处罚金，并对其直接负责的主管人员和其他直接责任人员，依照前款的规定处罚。

第二百七十一条 【职务侵占罪】公司、企业或者其他单位的工作人员，利用职务上的便利，将本单位财物非法占为己有，数额较大的，处三年以下有期徒刑或者拘役，并处罚金；数额巨大的，处三年以上十年以下有期徒刑，并处罚金；数额特别巨大的，处十年以上有期徒刑或者无期徒刑，并处罚金。

【贪污罪】国有公司、企业或者其他国有单位中从事公务的人员和国有公司、企业或者其他国有单位委派到非国有公司、企业以及其他单位从事公务的人员有前款行为的，依照本法第三百八十二条、第三百八十三条的规定定罪处罚。

第二百七十二条 【挪用资金罪】公司、企业或者其他单位的工作人员，利用职务上的便利，挪用本单位资金归个人使用或者借贷给他人，数额较大、超过三个月未还的，或者虽未超过三个月，但数额较大、进行营利活动的，或者进行非法活动的，处三年以下有期徒刑或者拘役；挪用本单位资金数额巨大的，处三年以上七年以下有期徒刑；数额特别巨大的，处七年以上有期徒刑。

【挪用公款罪】国有公司、企业或者其他国有单位中从事公务的人员和国有公司、企业或者其他国有单位委派到非国有公司、企业以及其他单位从事公务的人员有前款行为的，依照本法第三百八十四条的规定定罪处罚。

有第一款行为，在提起公诉前将挪用的资金退还的，可以从轻或者减轻处罚。其中，犯罪较轻的，可以减轻或者免除处罚。

《最高人民检察院、公安部关于公安机关管辖的刑事案件立案追诉标准的规定（二）》（节录）

第四条　〔虚假出资、抽逃出资案（刑法第一百五十九条）〕公司发起人、股东违反公司法的规定未交付货币、实物或者未转移财产权，虚假出资，或者在公司成立后又抽逃其出资，涉嫌下列情形之一的，应予立案追诉：

（一）法定注册资本最低限额在六百万元以下，虚假出资、抽逃出资数额占其应缴出资数额百分之六十以上的；

（二）法定注册资本最低限额超过六百万元，虚假出资、抽逃出资数额占其应缴出资数额百分之三十以上的；

（三）造成公司、股东、债权人的直接经济损失累计数额在五十万元以上的；

（四）虽未达到上述数额标准，但具有下列情形之一的：

1．致使公司资不抵债或者无法正常经营的；

2．公司发起人、股东合谋虚假出资、抽逃出资的；

3．二年内因虚假出资、抽逃出资受过二次以上行政处罚，又虚假出资、抽逃出资的；

4．利用虚假出资、抽逃出资所得资金进行违法活动的。

（五）其他后果严重或者有其他严重情节的情形。

本条只适用于依法实行注册资本实缴登记制的公司。

第六条　〔违规披露、不披露重要信息案（刑法第一百六十一条）〕依法负有信息披露义务的公司、企业向股东和社会公众提供虚假的或者隐瞒重要事实的财务会计报告，或者对依法应当披露的其他重要信息不按照规定披露，涉嫌下列情形之一的，应予立案追诉：

（一）造成股东、债权人或者其他人直接经济损失数额累计在一百万元以上的；

（二）虚增或者虚减资产达到当期披露的资产总额百分之三十以上的；

（三）虚增或者虚减营业收入达到当期披露的营业收入总额百分之三十以上的；

（四）虚增或者虚减利润达到当期披露的利润总额百分之三十以上的；

（五）未按照规定披露的重大诉讼、仲裁、担保、关联交易或者其他重大事项所涉及的数额或者连续十二个月的累计数额达到最近一期披露的净资产百分之五十以上的；

（六）致使不符合发行条件的公司、企业骗取发行核准或者注册并且上市交易的；

（七）致使公司、企业发行的股票或者公司、企业债券、存托凭证或者国务院依法认定的其他证券被终止上市交易的；

（八）在公司财务会计报告中将亏损披露为盈利，或者将盈利披露为亏损的；

（九）多次提供虚假的或者隐瞒重要事实的财务会计报告，或者多次对依法应当披露的其他重要信息不按照规定披露的；

（十）其他严重损害股东、债权人或者其他人利益，或者有其他严重情节的情形。

第七条 〔妨害清算案（刑法第一百六十二条）〕公司、企业进行清算时，隐匿财产，对资产负债表或者财产清单作虚伪记载或者在未清偿债务前分配公司、企业财产，涉嫌下列情形之一的，应予立案追诉：

（一）隐匿财产价值在五十万元以上的；

（二）对资产负债表或者财产清单作虚伪记载涉及金额在五十万元以上的；

（三）在未清偿债务前分配公司、企业财产价值在五十万元以上的；

（四）造成债权人或者其他人直接经济损失数额累计在十万元以上的；

（五）虽未达到上述数额标准，但应清偿的职工的工资、社会保险费用和法定补偿金得不到及时清偿，造成恶劣社会影响的；

（六）其他严重损害债权人或者其他人利益的情形。

第八条 〔隐匿、故意销毁会计凭证、会计帐簿、财务会计报告案（刑法第一百六十二条之一）〕隐匿或者故意销毁依法应当保存的会计凭证、会计帐簿、财务会计报告，涉嫌下列情形之一的，应予立案追诉：

（一）隐匿、故意销毁的会计凭证、会计帐簿、财务会计报告涉及金额在五十万元以上的；

（二）依法应当向监察机关、司法机关、行政机关、有关主管部门等提供而隐匿、故意销毁或者拒不交出会计凭证、会计帐簿、财务会计报告的；

（三）其他情节严重的情形。

第九条 〔虚假破产案（刑法第一百六十二条之二）〕公司、企业通过隐匿财产、承担虚构的债务或者以其他方法转移、处分财产，实施虚假破产，涉嫌下列情形之一的，应予立案追诉：

（一）隐匿财产价值在五十万元以上的；

（二）承担虚构的债务涉及金额在五十万元以上的；

（三）以其他方法转移、处分财产价值在五十万元以上的；

（四）造成债权人或者其他人直接经济损失数额累计在十万元以上的；

（五）虽未达到上述数额标准，但应清偿的职工的工资、社会保险费用和法定补偿金得不到及时清偿，造成恶劣社会影响的；

（六）其他严重损害债权人或者其他人利益的情形。

第十条 〔非国家工作人员受贿案（刑法第一百六十三条）〕公司、企业或者其他单位的工作人员利用职务上的便利，索取他人财物或者非法收受他人财物，为他人谋取利益，或者在经济往来中，利用职务上的便利，违反国家规定，收受各种名义的回扣、手续费，归个人所有，数额在三万元以上的，应予立案追诉。

第十一条 〔对非国家工作人员行贿案（刑法第一百六十四条第一款）〕为谋取不正当利益，给予公司、企业或者其他单位的工作人员以财物，个人行贿数额在三万元以上的，单位行贿数额在二十万元以上的，应予立案追诉。

第十二条 〔对外国公职人员、国际公共组织官员行贿案（刑法第一百六十四条第二款）〕为谋取不正当商业利益，给予外国公职人员或者国际公共组织官员以财物，个人行贿数额在三万元以上的，单位行贿数额在二十万元以上的，应予立案追诉。

第十三条 〔背信损害上市公司利益案（刑法第一百六十九条之一）〕上市公司的董事、监事、高级管理人员违背对公司的忠实义务，利用职务便利，操纵上市公司从事损害上市公司利益的行为，以及上市公司的控股股东或者实际控制人，指使上市公司董事、监事、高级管理人员实施损害上市公司利益的行为，涉嫌下列情形之一的，应予立案追诉：

（一）无偿向其他单位或者个人提供资金、商品、服务或者其他资产，致使上市公司直接经济损失数额在一百五十万元以上的；

（二）以明显不公平的条件，提供或者接受资金、商品、服务或者其他资产，致使上市公司直接经济损失数额在一百五十万元以上的；

（三）向明显不具有清偿能力的单位或者个人提供资金、商品、服务或者其他资产，致使上市公司直接经济损失数额在一百五十万元以上的；

（四）为明显不具有清偿能力的单位或者个人提供担保，或者无正当理由为其他单位或者个人提供担保，致使上市公司直接经济损失数额在一百五十万元以上的；

（五）无正当理由放弃债权、承担债务，致使上市公司直接经济损失数额在一百五十万元以上的；

（六）致使公司、企业发行的股票或者公司、企业债券、存托凭证或者国务院依法认定的其他证券被终止上市交易的；

（七）其他致使上市公司利益遭受重大损失的情形。

第三十条 〔内幕交易、泄露内幕信息案（刑法第一百八十条第一款）〕证券、期货交易内幕信息的知情人员、单位或者非法获取证券、期货交易内幕信息的人员、单位，在涉及证券的发行，证券、期货交易或者其他对证券、期货交易价格有重大影响的信息尚未公开前，买入或者卖出该证券，或者从事与该内幕信息有关的期货交易，或者泄露该信息，或者明示、暗示他人从事上述交易活动，涉嫌下列情形之一的，应予立案追诉：

（一）获利或者避免损失数额在五十万元以上的；

（二）证券交易成交额在二百万元以上的；

（三）期货交易占用保证金数额在一百万元以上的；

（四）二年内三次以上实施内幕交易、泄露内幕信息行为的；

（五）明示、暗示三人以上从事与内幕信息相关的证券、期货交易活动的；

（六）具有其他严重情节的。

内幕交易获利或者避免损失数额在二十五万元以上，或者证券交易成交额在一百万元以上，或者期货交易占用保证金数额在五十万元以上，同时涉嫌下列情形之一的，应予立案追诉：

（一）证券法规定的证券交易内幕信息的知情人实施或者与他人共同实施内幕交易行为的；

（二）以出售或者变相出售内幕信息等方式，明示、暗示他人从事与该内幕信息相关的交易活动的；

（三）因证券、期货犯罪行为受过刑事追究的；

（四）二年内因证券、期货违法行为受过行政处罚的；

（五）造成其他严重后果的。

第七十六条　〔职务侵占案（刑法第二百七十一条第一款）〕公司、企业或者其他单位的人员，利用职务上的便利，将本单位财物非法占为己有，数额在三万元以上的，应予立案追诉。

第七十七条　〔挪用资金案（刑法第二百七十二条第一款）〕公司、企业或者其他单位的工作人员，利用职务上的便利，挪用本单位资金归个人使用或者借贷给他人，涉嫌下列情形之一的，应予立案追诉：

（一）挪用本单位资金数额在五万元以上，超过三个月未还的；

（二）挪用本单位资金数额在五万元以上，进行营利活动的；

（三）挪用本单位资金数额在三万元以上，进行非法活动的。

具有下列情形之一的，属于本条规定的“归个人使用”：

（一）将本单位资金供本人、亲友或者其他自然人使用的；

（二）以个人名义将本单位资金供其他单位使用的；

（三）个人决定以单位名义将本单位资金供其他单位使用，谋取个人利益的。

《企业国有资产法》（节录）

第二十五条 未经履行出资人职责的机构同意，国有独资企业、国有独资公司的董事、高级管理人员不得在其他企业兼职。未经股东会、股东大会同意，国有资本控股公司、国有资本参股公司的董事、高级管理人员不得在经营同类业务的其他企业兼职。

未经履行出资人职责的机构同意，国有独资公司的董事长不得兼任经理。未经股东会、股东大会同意，国有资本控股公司的董事长不得兼任经理。

董事、高级管理人员不得兼任监事。

第二十八条 国有独资企业、国有独资公司和国有资本控股公司的主要负责人，应当接受依法进行的任期经济责任审计。

第四十九条 国有独资企业、国有独资公司、国有资本控股公司及其董事、监事、高级管理人员应当向资产评估机构如实提供有关情况和资料，不得与资产评估机构串通评估作价。

第五十六条 法律、行政法规或者国务院国有资产监督管理机构规定可以向本企业的董事、监事、高级管理人员或者其近亲属，或者这些人员所有或者实际控制的企业转让的国有资产，在转让时，上述人员或者企业参与受让的，应当与其他受让参与者平等竞买；转让方应当按照国家有关规定，如实披露有关信息；相关的董事、监事和高级管理人员不得参与转让方案的制定和组织实施的各项工作。

第七十二条 在涉及关联方交易、国有资产转让等交易活动中，当事人恶意串通，损害国有资产权益的，该交易行为无效。

第七十三条 国有独资企业、国有独资公司、国有资本控股公司的董事、监事、高级管理人员违反本法规定，造成国有资产重大损失，被免职的，自免职之日起五年内不得担任国有独资企业、国有独资公司、国有资本控股公司的董事、监事、高级管理人员；造成国有资产特别重大损失，或者因贪污、贿赂、侵占财产、挪用财产或者破坏社会主义市场经济秩序被判处刑罚的，终身不得担任国有独资企业、国有独资公司、国有资本控股公司的董事、监事、高级管理人员。

《国有独资公司董事会试点企业职工董事管理办法（试行）》（节录）

第三条 本办法所称职工董事，是指公司职工民主选举产生，并经国务院国有资产监督管理委员会（以下简称国资委）同意，作为职工代表出任的公司董事。

第十条 职工董事代表职工参加董事会行使职权，享有与公司其他董事同等权利，承担相应义务。

第十一条 职工董事应当定期参加国资委及其委托机构组织的有关业务培训，不断提高工作能力和知识水平。

第十二条 董事会研究决定公司重大问题，职工董事发表意见时要充分考虑出资人、公司和职工的利益关系。

第十三条 董事会研究决定涉及职工切身利益的问题时，职工董事应当事先听取公司工会和职工的意见，全面准确反映职工意见，维护职工的合法权益。

第十四条 董事会研究决定生产经营的重大问题、制定重要的规章制度时，职工董事应当听取公司工会和职工的意见和建议，并在董事会上予以反映。

第十五条 职工董事应当参加职工代表团（组）长和专门小组（或者专门委员会）负责人联席会议，定期到职工中开展调研，听取职工的意见和建议。职工董事应当定期向职工代表大会或者职工大会报告履行职工董事职责的情况，接受监督、质询和考核。

第十七条 职工董事应当对董事会的决议承担相应的责任。董事会的决议违反法律、行政法规或者公司章程，致使公司遭受严重损失的，参与决议的职工董事应当按照有关法律法规和公司章程的规定，承担赔偿责任。但经证明在表决时曾表明异议并载于会议记录的，可以免除责任。

第十九条 职工董事的劳动合同在董事任期内到期的，自动延长至董事任期结束。

职工董事任职期间，公司不得因其履行董事职务的原因降职减薪、解除劳动合同。

第二十一条 职工代表大会有权罢免职工董事，公司未建立职工代表大会的，罢免职工董事的权力由职工大会行使。职工董事有下列行为之一的，应当罢免：

（一）职工代表大会或职工大会年度考核评价结果较差的；

（二）对公司的重大违法违纪问题隐匿不报或者参与公司编造虚假报告的；

（三）泄露公司商业秘密，给公司造成重大损失的；

（四）以权谋私，收受贿赂，或者为自己及他人从事与公司利益有冲突的行为损害公司利益的；

（五）不向职工代表大会或职工大会报告工作或者连续两次未能亲自出席也不委托他人出席董事会的；

（六）其他违反法律、行政法规应予罢免的行为。

第二十二条 罢免职工董事，须由十分之一以上全体职工或者三分之一以上职工代表大会代表联名提出罢免案，罢免案应当写明罢免理由。

第二十三条 公司召开职工代表大会或职工大会，讨论罢免职工董事事项时，职工董事有权在主席团会议和大会全体会议上提出申辩理由或者书面提出申辩意见，由主席团印发职工代表或全体职工。

第二十四条 罢免案经职工代表大会或职工大会审议后，由主席团提请职工代表大会或职工大会表决。罢免职工董事采用无记名投票的表决方式。

第二十五条 罢免职工董事，须经职工代表大会过半数的职工代表通过。公司未建立职工代表大会的，须经全体职工过半数同意。

《上海市市管国有企业外部董事管理办法（试行）》（节录）

第三条 本办法所称外部董事是指由市国资委等履行国有资产出资人职责的机构依法聘用、所任职公司以外的人员担任的董事。

第四条 外部董事分为专职外部董事和兼职外部董事。专职外部董事是指除在市管企业担任外部董事职务以外，不再就职于其他单位的人员。兼职外部董事是指除在市管企业担任外部董事职务以外，同时在其他单位任职的人员。

第六条 外部董事与任职公司之间不得存在可能影响公正履行董事职责的关系。

第八条 担任兼职外部董事的，其本人工作单位或上一级主管单位应出具同意其兼任外部董事的有效文件。

第十二条 外部董事履行以下职责：

（一）贯彻执行中共中央、国务院、国务院国资委和市委、市政府关于企业改革发展的方针、政策、决议和规定；

（二）依法参加任职公司董事会会议，就会议讨论决定事项独立发表意见，并为此承担受托责任；

（三）《公司法》和任职公司章程规定的其他职责。

第十三条 外部董事享有以下权利：

（一）有权在董事会会议上独立发表意见；

（二）有权提议召开临时董事会会议，但须经1/3以上董事同意；

（三）2名（含）以上外部董事认为董事会待议议题未经必备程序、会议资料不充分或论证不明确时，可联名提出缓开董事会会议或缓议董事会会议议题，董事会应予采纳；

（四）根据履行职责需要，有权了解和掌握任职公司的各项业务情况，任职公司应予配合；

（五）在履行职务时的办公、出差等有关费用，由任职公司承担；

（六）有权获取履行外部董事职责所应得的工作报酬；

（七）有权就可能损害出资人或任职公司合法权益的情况，直接向市国资委等履行出资人职责的机构报告；

（八）《公司法》和任职公司章程规定的其他权利。

第十四条 外部董事履行以下义务：

（一）诚信守法，遵守公司章程，履行保守商业秘密和竞业禁止义务；

（二）忠实履行职责，积极维护出资人和任职公司的合法权益；

（三）勤勉工作，投入足够的时间和精力履行职责；

（四）及时了解和掌握足够的任职公司经营运营情况，在深入研究、分析的基础上，独立、慎重地表决；

（五）积极参加董事岗位培训，不断提高履行职责所需的能力和知识水平；

（六）自觉接受履行出资人职责的机构监督，接受监事会对其履行职责的合法监督和合理建议；

（七）遵守国有企业领导人员廉洁从业的有关规定，除本办法规定的工作报酬外，不得违反规定接受报酬、津贴、福利待遇以及其他收入；

（八）《公司法》和公司章程规定的其他义务。

第十六条 外部董事参加董事会会议，应当就会议讨论决定事项发表以下几类意见之一：同意；保留意见及其理由；反对意见及其理由；无法发表意见及其障碍。

第十七条 建立外部董事工作报告制度。外部董事每年须向市国资委等履行出资人职责的机构，书面报告本人履行职责的详细情况，内容主要包括：本人履行职责的简要情况；参加董事会会议的主要情况，本人提出的保留、反对意见及其原因，无法发表意见的障碍；主持或参与董事会专门委员会工作的情况；加强任职公司改革发展与董事会建设的意见或建议。外部董事日常工作时，认为有必要向出资人报告的，可以书面或通讯方式向市国资委等履行出资人职责的机构报告。

《苏州市市属国有企业外部董事管理办法（试行）》

第六条 在职人员兼职外派董事的，需按管理权限，事先征求其工作或主管单位意见，由单位出具同意其兼任外部董事、并在时间上予以支持的有效文件。

第十二条 外部董事履行以下职责：

（一）贯彻执行党和国家、省、市关于国有企业改革发展的方针、政策、决议和规定，维护国有资产合法权益；

（二）依法参加任职公司董事会会议和相关会议，就会议讨论决定事项独立发表意见，并为此承担受托责任；

（三）参与任职公司的战略决策和运行监控，规避企业经营风险，及时如实向市国资委报告任职公司关系国有资本运作的决策、经营等重大事项，依法维护出资人的知情权；

（四）关注任职公司长期发展目标与核心竞争力培育，避免或纠正决策经营上的短期行为；

（五）督促任职公司建立各司其职、各负其责、协调运转、有效制衡的法人治理结构，推动现代企业制度建设；

（六）《公司法》等相关法律法规及任职公司章程规定的其他职责。

第十三条 外部董事享有下列权利：

（一）有权在董事会会议上独立发表意见并行使表决权；

（二）有权提议召开临时董事会会议，但需经1/3以上董事同意；

（三）有权对公司重大投资、关联交易、聘用或者解聘会计师事务所等事项进行审核并发表独立意见；

（四）有权就公司董事、经理人员的薪酬、考核事项及其认为可能损害国有资产权益的事项发表独立意见；

（五）2名（含）以上外部董事认为董事会会议议题未经必备程序、会议资料不全面或论证不充分时，可联名提出缓开董事会会议或缓议会议议题，董事会应予以考虑；

（六）有权对其他董事、高管人员违反法律法规或公司章程、不执行市国资委决定或董事会决议的行为进行监督，必要时提请董事会予以纠正，并及时向市国资委报告；

（七）根据履行职责需要，有权采用实地调研、查阅任职公司有关资料、找任职公司有关人员谈话等必要的工作方式，了解和掌握任职公司的各项业务情况，任职公司应予配合；

（八）有权就可能损害出资人或任职公司合法权益的情况，直接向市国资委等履行出资人职责的机构报告；

（九）《公司法》等相关法律法规及任职公司章程或董事会决议授予的其他权利。

第十四条 外部董事履行下列义务：

（一）讲求诚信，遵守法律法规、公司章程和董事会决议，承担保守商业秘密和竞业禁止义务；

（二）忠实履行职责，积极维护出资人、任职公司及职工的合法权益；

（三）勤勉工作，投入足够的时间和精力履行职责；

（四）关注任职公司事务，及时了解和掌握足够的信息，在深入研究、分析的基础上，独立、慎重地表决；

（五）运用自己的经验和信息等无形资源帮助任职公司改善经营管理，但不介入公司的具体经营业务；

（六）自觉接受市国资委、任职公司和社会的监督，接受监事会对其履行职责的合法监督和合理建议，按规定及时向市国资委报告工作，不得串通任职公司弄虚作假、隐瞒企业重大经营、财务问题；

（七）积极参加市国资委组织的培训和市国资委要求参加的会议，不断提高履行职责所需的专业水平和综合素质；

（八）不得利用内幕信息或职权便利为自己或他人谋取利益；

（九）不得接受任职公司的馈赠、报酬、福利待遇；不得参加任职公司安排、组织或支付费用的与经营行为无关的活动；不得侵占公司财产；

（十）不得自营或者为他人经营与任职公司同类的业务，或从事损害本公司利益的活动；

（十一）不得与任职公司进行买卖、借贷，不得从事与公司利益有冲突的活动；

（十二）《公司法》等相关法律法规及任职公司的公司章程规定的其他义务。

第十五条　外部董事应当对董事会决议承担责任。董事会的决议违反法律法规、公司章程或致使公司遭受严重损失的，参与决议的外部董事同样需承担责任。但经证明在表决时曾表明异议并记载于会议记录的，该外部董事可以免除责任。

第十六条　外部董事应当就会议讨论决定事项发表以下几类意见之一：同意；保留意见及其理由；反对意见及其理由；弃权及其理由；无法发表意

见及其障碍。

第十九条 建立外部董事工作报告制度。外部董事应按规定定期向市国资委书面报告本人履职情况，报告主要分为年度和任期述职报告和重要事项报告。

年度和任期述职报告，主要内容包括：参加董事会会议等重要会议的主要情况，发表意见及表决情况；主持或参与董事会专门委员会工作情况；任职公司法人治理结构建设、战略发展、经营管理等方面存在的问题、不足及建议等。

外部董事日常工作时，认为有必要的，涉及企业重大决策事项；兼并重组、重大资产处置、大额资金使用、重要合同签订、担保抵押、投融资等重要经营管理活动；重大风险及违法违纪行为，可以书面形式向市国资委专题报告。

第三十条 外部董事任职前应与任职公司签定保密协议，任职期间外部董事有义务严格履行保密协议。外部董事解聘后，继续对原任职公司的商业秘密负有保密义务。未能履行保密义务的，公司可依法追究其责任。保密期限按外部董事与任职公司签订的保密协议执行。任职公司无特殊要求的，保密期限一般为离职后 3 年。

《湖南省国资委监管企业外部董事管理暂行办法》（节录）

第四条 外部董事分为专职外部董事和兼职外部董事。专职外部董事，是指除在省国资委履行出资人职责的企业（以下简称任职公司）中专门担任外部董事职务以外，不再在其他单位任职和兼职的人员。兼职外部董事，是指除在任职公司中担任外部董事职务以外，同时在其他单位任职的人员。

第七条 以在职身份担任兼职外部董事的，其本人工作单位应出具同意其兼任外部董事并在时间上予以支持的有关文件。

以公务员身份退休不满2年担任外部董事的，应该由本人原工作单位出具同意其担任外部董事的有关文件。

第十三条　外部董事履行以下职责：

（一）贯彻执行国有企业改革发展的方针、政策和决议，维护国有资产的合法权益；

（二）及时、如实向省国资委报告任职公司关系到国有资本运作的决策、经营等重大事项，依法维护国有资产出资人的知情权；

（三）参与任职公司的战略决策和运营监控，关注任职公司长期发展目标与核心竞争力培育，避免或纠正决策经营上的短期行为；

（四）督促任职公司建立权责明确、运转顺畅、制衡有效的公司法人治理结构，推动现代企业制度建设；

（五）《公司法》和公司章程规定的其他职责。

第十四条　外部董事享有以下权利：

（一）出席董事会会议，并行使表决权；

（二）经三分之一以上董事同意，可提议召开临时董事会会议；

（三）两名（含两名）以上外部董事认为董事会会议资料不充分或论证不明确时，可联名提出缓开董事会会议或缓议董事会会议议题，董事会应予采纳；

（四）根据履行职责需要，有权了解和掌握任职公司的各项业务情况，并有权对公司重大投资、关联交易、聘用或者解聘会计师事务所等事项进行审核，任职公司应予配合；

（五）就公司董事、经理人员的薪酬方案、绩效考核事项及其认为可能损害国有资产权益的事项发表独立意见；

（六）有权就可能损害出资人或任职公司合法权益的情况，直接向省国资委报告；

（七）有权按照规定获得董事职务年度报酬；

（八）在履行职务时的办公、出差等有关待遇，比照任职公司高级管理人员的待遇执行；

（九）《公司法》和公司章程规定的其他权利。

第十五条 外部董事履行以下义务：

（一）遵守法律法规、公司章程和董事会决议，忠实履行职责；

（二）积极维护出资人、任职公司及职工的合法权益，承担保守商业秘密和竞业禁止义务；

（三）勤勉工作，投入足够的时间和精力履行职责；

（四）关注任职公司事务，及时了解和掌握足够的信息，在深入研究、分析的基础上，独立慎重地表决；

（五）参加省国资委及其委托机构组织的相关培训，提高履行职责所需的专业水平和综合素质；

（六）自觉接受出资人监督和任职企业职工监督，接受监事会对其履行职责的合法监督和合理建议；

（七）定期或不定期向省国资委报告工作；

（八）《公司法》和公司章程规定的其他义务。

第十六条 外部董事参加董事会会议，应当就会议讨论决定事项发表以下一类意见：同意；保留意见及其理由；反对意见及其理由；无法发表意见及其障碍。

第十七条 外部董事因违反有关法律、法规、公司章程和有关国有资产监管规定给公司造成重大损失的，应依法承担相应的责任。

第十八条 外部董事应当对董事会决议承担责任，董事会决议违反法律、法规或者公司章程，致使公司遭受严重损失的，参与决议的外部董事对公司负赔偿责任；但在表决时曾表明异议并记载于会议记录的，可以免除责任。

第二十一条 建立外部董事工作报告制度。外部董事每年须定期或不定期向省国资委书面报告本人履行职责的简要情况；参加董事会会议的主要情况，本人提出的保留、反对意见及其原因，无法发表意见的障碍；加强任职公司改革发展与董事会建设的意见或建议等。

第三十三条 外部董事解聘后，有继续对原任职公司的商业秘密进行保密的义务。未能履行保密义务的，公司可依法追究其责任。保密期限按外部董事与任职公司签订的保密协议执行。

《金融机构国有股权董事管理暂行办法》

第二条 本办法所称国有股权董事（以下简称股权董事），是指由履行国有金融资本出资人职责的机构、国有金融资本受托管理机构（以下统称派出机构）向持股金融机构派出，代表国有金融资本出资人行使相关权利的董事。

前款所称金融机构，包括依法设立的获得金融业务许可证的各类金融企业，主权财富基金、金融控股公司、金融投资运营公司，以及金融基础设施等实质性开展金融业务的其他企业或机构。

第四条 根据国有金融资本穿透管理原则和工作需要，股权董事可在金融机构重点子公司董事会兼任董事。

第八条 除派出机构因工作需要安排外，股权董事任期内或任期结束后3年内，不得在其所派往的金融机构直接转任为高级管理人员或转聘为其他职级的员工。

第九条 股权董事应当在法律、法规和有关操作指引的规范下，行使权利，履行义务，体现股东意志，对派出机构和所派往金融机构履行忠实义务和勤勉义务。

第二十三条 股权董事应每年向派出机构述职，并按照有关要求按时向派出机构提交书面年度述职报告，重点报告年度履行职责情况和下一步工作建议。

第二十五条 派出机构应结合有关组织人事管理政策、薪酬管理制度，制定股权董事考核评价办法、薪酬管理办法和履职待遇标准。股权董事薪酬不得由其所派往的金融机构直接发放。

第三十二条 股权董事未按派出机构有关规定以及所派往金融机构章程正确行使职责的，情节较轻的，由派出机构给予提示函；情节较为严重的，由派出机构给予警示函；情节严重者，派出机构应及时予以调回轮换。存在违反党纪和有关规定情况的，由纪检监察部门按规定处理；涉嫌违法犯罪的，移交司法机关依法处理。